KU-277-143

Students and External R

DATE DUE FOR RETURN

ERICH FRANZEN
FORMEN DES MODERNEN DRAMAS

ERICH FRANZEN

FORMEN
DES MODERNEN DRAMAS

Von der Illusionsbühne zum
Antitheater

VERLAG C. H. BECK MÜNCHEN

ISBN 3 406 02416 5

2. Auflage 1970
Einbandentwurf von Rudolf Huber-Wilkoff, München
© C. H. Beck'sche Verlagsbuchhandlung (Oscar Beck) München 1961
Druck: Georg Appl, Wemding
Printed in Germany

INHALTSVERZEICHNIS

VORBEMERKUNG

Das vorliegende Buch gibt in leicht veränderter Form eine Reihe von Vorträgen wieder, die der Verfasser im Sonderprogramm des Bayerischen Rundfunks gehalten hat. Es soll dem Leser, der sich für die Entwicklung des modernen Dramas interessiert, als Leitfaden dienen, aber es erhebt keinen Anspruch auf Vollständigkeit. Die Auswahl der Stücke und Autoren ist subjektiv. Sie richtet sich danach, welche Wichtigkeit der Verfasser den verschiedenen Strömungen und ihren bedeutendsten Repräsentanten beimißt. Um dem Leser ein eigenes Urteil zu ermöglichen, sind dem Text einzelne Szenenausschnitte eingefügt worden.

E. F.

MYTHOS UND ALLTAG

Unter allen Formen der Dichtung ist das Drama die komplizierteste. Es existiert nicht für sich wie die Verse eines lyrischen Gedichts oder das Satzgebirge eines Romans. Das erfundene Spiel drängt zur sinnlichen Verkörperung. Die Worte sollen gesprochen und gehört, und was sie aussagen, soll in Bewegung und Handlung umgesetzt werden. Dazu erfordert die Darstellung einen abgegrenzten Raum, damit die Symbolik des Geschehens aus dem Fluß des banalen Lebens herausgehoben wird. Erdacht aber ist dieses verwickelte Koordinatensystem aus Wort, Bewegung und Bild für ein anonymes, dem Alltag auf kurze Zeit entflohenes und schnell wieder ins gewöhnliche Dasein zurücksinkendes Publikum. Mehr als jeder andere Künstler wendet der Dramatiker sich unmittelbar an die Massen. Wenn er von ihnen verstanden werden will, muß er sich an die gesellschaftlichen Konventionen seiner Zeit halten – und doch will er zugleich den Bereich des Konventionellen durchstoßen, die Fragwürdigkeit des allgemein Anerkannten aufzeigen oder gar die Gesellschaft verändern.

Dieses Dilemma läßt sich heute viel schwerer lösen als je zuvor. Die Umgangssprache der technifizierten Gesellschaft ist zum Jargon erstarrt, und wenn der Dichter für das Theater sie durch Poesie verschönen will, gerät er in Gefahr, verblasen oder esoterisch zu wirken. Manche Autoren, vor allem T. S. Eliot, versuchen trotzdem, ihre Figuren eine Art gehobener Alltagssprache in Versen reden zu lassen wie gespenstische Revenants aus einer klassischen Vergangenheit; andere, unter denen Ionesco an erster Stelle steht, reduzieren ihre Gestalten zu bloßen Spruchband-Mechanismen und häufen Klischee auf Klischee, um das sinnentleerte Sprachschema gleichsam von innen her zu zerstören. Natürlich zeigen solche Experimente an, daß ganze Dimensionen des menschlichen Daseins nicht anders mehr sichtbar gemacht werden können als durch ihre absolute Negation. Das Drama, das nichts mehr mitteilt, was mitteilenswert wäre, verneint scheinbar die wesentliche Funktion des Theaters; doch die anti-theatralische Wendung richtet sich in Wahrheit nur gegen die konventionelle Form des Schauspiels, das an der gewohnten Gegenständlichkeit haftet und die äußere Wirklichkeit kopiert, anstatt sie transparent zu machen. „Keine dramatischen Komödien mehr", erklärt Ionesco, „sondern Rückkehr zum Unerträglichen! Alles bis zum Paroxysmus treiben, dahin, wo die Quellen des Tragischen sich öffnen! Das Drama der ursprünglichen Mächtigkeit schaffen! ... Wenn die Natur des Theaters in der Verstärkung aller Wirkungen liegt, so müßte man sie noch mehr verstärken, sie unterstreichen und bis zum äußersten steigern. Das Theater aus jenem Zwischenbereich herausreißen, der weder Philosophie noch Literatur ist, heißt: ihm seinen eigenen Ort und seine eigene Bereiche wiedergeben ... Für das Unerträgliche gibt es keine Lösungen – und nur das Unerträgliche ist wirkliches Theater."

Mit dieser Forderung, die vor ihm schon Antonin Artaud in seinem Ruf nach einem „Theater der Grausamkeit" verkündet hatte, knüpft der Verfasser so hypermoderner Stücke wie der „Stühle" und der „Kahlen Sängerin" an die ältesten Formen des Dramas an. Es ist überhaupt merkwürdig, wie traditionsbewußt gerade die radikalen Stil-Zertrümmerer unserer Tage sind. So setzen sich Friedrich Dürrenmatt und Bertolt Brecht ausführlich mit den Theorien des Aristoteles und der Szenentechnik Shakespeares auseinander. Dürrenmatt schreibt: „Es ist zweifellos, daß die Einheit des Ortes, der Zeit und der Handlung, die Aristoteles ... aus der antiken Tragödie folgerte, das Ideal einer Theaterhandlung fordert ... Die Einheit des Aristoteles ist die Forderung nach größter Präzision, größter Dichte und größter Einfachheit der dramatischen Mittel." Aber, fährt Dürrenmatt fort, das alles „setzt der Hauptsache nach die griechische Tragödie als Bedingung voraus." Und Brecht, der entschlossenste Revolutionär unseres Theaters, übernimmt die Fabel der griechischen „Antigone", um sie als Stoff für ein Widerstands-Drama zu benutzen. Er hält sich dabei viel strenger an die antike Form als etwa Anouilh, der das Gleiche versucht hat, oder auch als Sartre, Giraudoux und Cocteau in ihren Bearbeitungen alter Themen; aber in der Bilderbogentechnik seiner eigenen Stücke kehrt er sich ebensowenig an die Gesetze des Aristoteles wie Dürrenmatt.

Warum halten diese Dichter es nicht mehr für möglich, aus dem Stoff, den unsere Zeit ihnen bietet, eine echte Tragödie – wenn auch ganz neuer Art – zu schaffen? Ein Grund (auf den schon hingewiesen worden ist) liegt in der fehlenden Tragkraft der Sprache. Mit der „modernen" Redeweise läßt sich keine tragische Wirkung erzielen. Ein bezeichnendes Beispiel dafür ist Ezra Pounds Versuch, in seiner Übertragung der „Frauen von Trachis" den zeitgemäßen Jargon anzuwenden. Die Todesszene des Herakles, dem das von seinem Weibe gereichte Nessushemd den Leib zerreißt, klingt so:

HERAKLES

Weg mit dem Fetzen, der es zudeckt,
seht es an, allesamt,
habt ihr schon mal einen Leib so zugerichtet gesehn?
Gottogott!
Da ist das Todes-Röcheln wieder. Schweinerei.

1*

Und jetzt? Keine Kraft in den Armen, die Gelenke ganz
aus dem Leim.

Der blinde Nackenschlag,
und meine Mutter war etwas Besonderes,
mein Vater im Himmel, Zeus, am Sternenzelt.
So geht die Rede.

HYLLOS

Du willst, daß ich dir antwortete, scheint es.
Du schweigst, als ob du darauf wartest.
Jetzt darf ich dich vielleicht bitten,
gerecht zu sein, darf es dir beibringen:
Du wirst sie nicht kleinkriegen. Schlag es dir aus dem
Kopf!

HERAKLES

Sag, was du mir zu sagen hast und basta.
Ich bin zu krank zum Haarspalten und Tifteln.

HYLLOS

Ich rede von Mutters Versehen.
Das was geschah: sie hat es nicht gewollt.

HERAKLES

Da hört sich alles auf ...
Deine Mutter, die Mörderin –
und du stellst dich vor mich hin und redest von ihr als –

HYLLOS

Sie konnte einfach nichts dafür. Hat's gut gemeint.

HERAKLES

Du Mistkerl! Gut gemeint – mich umzubringen?

HYLLOS

Ein Liebeszauber. Sie dacht', es würde dich
zurückgewinnen, als sie die neue Ehefrau
im Haus sah. Und es ging daneben.

Offenbar steht der krasse Naturalismus des Stils nicht im
Einklang mit der feierlichen Atmosphäre der griechischen
Tragödie. Immer ist die Sprache der symbolische Ausdruck
eines bestimmten Lebensgefühls, und das unsere ist auf

ganz besondere Weise untragisch, weil es sich nur auf partikulare Ziele richtet. Die Frage nach dem Sinn des Daseins wird nicht gestellt. Für die Griechen war der Mensch ein erhabenes Wesen, das selbstbewußt den Göttern entgegentrat und noch im Scheitern seine Bestimmung erfüllte. Wenn Oedipus als Unschuldig-Schuldiger sein Schicksal auf sich nimmt, rettet er zugleich die Stadt; sein Untergang stellt die Ordnung der Welt wieder her. Wie wäre diese absolute Rechtfertigung einer tragischen Handlung heute noch möglich? Wir können nur noch mit dem Schöpfer hadern, wenn unsere Welt uns nicht paßt – wie jener Aussätzige, der in Barlachs „Die Sündflut" seinem Gott entgegenschreit:

AUSSÄTZIGER

Wie kann eine Welt taugen, wenn nur ein Einziger in ihr verdammt ist und verdirbt! Hinter mir mit Geheul jagen sie mich und verfluchen mich und nennen mich böse – und böse bin ich weil sie mich jagen und verfluchen – und verlachen – und verhöhnen! Und vor mir, was ist da vor mir? Ich atme Luft ohne Hoffnung und werde hoffnungslose Luft atmen, bis der Atem still steht. Ein Lumpenhund selbst für Schakale, das bin ich ... Verflucht ist der Gott, der die Guten gut und die Bösen böse gemacht hat! ... Was hätte ich am Ende auch noch zu fürchten, daß ich ihm schmeicheln möchte? Oho, ich habs, ja, so ist es, ich habe auch noch was zu verlieren. *Stellt sich breitbeinig auf* Ich – ich habe Ekel vor ihm – nicht vor mir, wie ich sonst dachte – vor ihm, der an mir schuld ist. Ich speie ihn an, ich breche mich aus über ihm!

Man vergleiche diese ganz private, weltschmerzliche Verzweiflung mit dem erderschütternden Fluch der Euripideischen Hekuba nach Trojas Fall:

HEKUBA

Spitzfindiges Ende! Letzter Berg des Jammers!
Die Heimat hängt mir Fahnen aus zum Abschied.
Drum wend ich den erstarrten Mund zum Jubel.

Auf, auf, mein morscher Fuß zum letzten Tanz nun,
Hekuba grüßt dich, mein glückseliges Troja,
Erhabener Name, herrlichste Barbarin,
Bald schon ein Rauch, in wüste Luft verblasen!

Und nun heißt's Knechtschaft, wie die Götter wollen.
Doch ich will's anders, und ich fluche ihnen,
Und fluche ihnen mit dem letzten Atem!
Schon jauchzt der Tod mir köstlich durch die Glieder,
Ich fliege, schwebe, wehe dir entgegen!
Geliebte Stadt, als deine hell'ste Flamme
Will ich mich jauchzend bis zu Ende taumeln!

Hier ist nicht von Gut und Böse die Rede wie bei Barlach. Es ist klar, daß die Kraft dieser Stelle aus dem Gefühl
der Einheit von Leben und Tod stammt. Wir aber haben
vereinbart, über den Tod nicht zu reden; wir lassen ihn
höchstens als zusätzliche Sensation in einem echten oder
persiflierten Kriminalstück gelten, das uns ohnedies nichts
angeht. Der Tod paßt nicht in unser Schema des Realismus,
er gehört zu dem „Unerträglichen", mit dem Ionesco die
„Kinder des wissenschaftlichen Zeitalters" – der Ausdruck
stammt von Brecht – wieder konfrontieren will. Es ist zu
fürchten, daß man Ionesco als bloßen Spaßmacher miß-
versteht. Die Grenzen der dramatischen Wirklichkeit werden nicht nur durch das Talent und die Einbildungskraft
des Dichters bestimmt; sie sind ebenso sehr durch die Illu-
sionsfähigkeit des Publikums bedingt. Das Publikum muß
fähig sein, die ideelle Verwirklichung des ganz anderen,
dessen, was es im gewöhnlichen Lauf der Dinge verdrängt,
im Schauspiel als eine Möglichkeit des eigenen Selbst zu

erkennen. Das wichtigste Problem des modernen Theaters besteht darin, wie weit es noch gelingen kann, den Zuschauer von dieser Möglichkeit zu überzeugen. Der Mann im Parkett glaubt mehr zu wissen, als ihm auf der Bühne gezeigt wird. Gepanzert mit seinen Kenntnissen von der „wirklichen" Welt und ihrer materiellen Struktur, erscheinen ihm die surrealen Figuren des modernen Dramas schwerelos wie Geschöpfe, die in einem luftleeren Raum leben, und wenn er selbst sich auch nach einer vom Druck der „Wirklichkeit" befreiten Existenz sehnt, so schreckt er doch vor einer Identifizierung mit dem „Absurden" zurück. Zugleich aber zweifelt er daran, ob er die Größe einer tragischen Gestalt in seinem relativistischen Menschenbild unterbringen kann.

Dem scheint die Vorliebe des Publikums für klassische Stücke zu widersprechen. Ergriffen lauschen die Zuschauer den Zwiegesprächen zwischen Oedipus und Teiresias oder zwischen Antigone und Kreon; sie sehnen sich nach der großen Tragödie und meinen, im Kampf und Untergang der klassischen Heldengestalten ein Gleichnis ihres eigenen Daseins zu erkennen. Sie verlassen sich auf die ewige Wahrheit der großen Dichtung und vergessen, daß die Werke, die sie mit Recht bewundern, nur deswegen groß sind, weil sie das Menschenbild ihrer Zeit auf vollkommene Weise festhalten. In einer Epoche aber, in der die Gemeinschaftsformen heroischer oder religiöser Art nur noch als Wunschvorstellungen existent sind, hat sich auch das Bild des Menschen entscheidend geändert. Der moderne Dramatiker, der nach dem Beispiel der Alten seiner Gegenwart den Spiegel vorhalten will, muß auf jede monumentale Überhöhung der Figuren und ihrer Aktionen verzichten. Er kann nur noch den Zustand der Leere und des Zerfalls aller absoluten Bindungen schildern, wenn er nicht in romantische Utopien ausweichen oder das Publikum mit bloßem Bildungsstoff abspeisen will.

Dieser zeitbedingte Relativismus hat die Rolle des Publikums – ich sage absichtlich Rolle – entscheidend geändert. Der Zuschauer ist aus einem Teilnehmer an der Aktion zum bloßen Beobachter oder gar zum Genießer einer bezahlten Unterhaltung geworden. Das Theater ist für ihn kein Ort der Entscheidung mehr. Es hat die Funktion verloren, eine geistig verbindliche Anschauung der Welt mit allen dilemmatischen Spannungen als Realität darzustellen. Dem Dramatiker, der sich diese Situation eingesteht, bleibt nichts übrig, als sie dem Zuschauer vor Augen zu führen und ihm den Verlust an „Wirklichkeit" bewußt zu machen. Als bezeichnendes Beispiel für diesen Entwicklungsprozeß, der mit der Zersetzung des Mythos beginnt, diene eine Gegenüberstellung einer Szene aus den „Eumeniden" des Aeschylos und einer anderen aus Dürrenmatts „Der Besuch der alten Dame". In beiden handelt es sich um die Idee der Gerechtigkeit. Orest, der Muttermörder, wird von den Eumeniden verfolgt und sucht im Tempel Apollos Schutz:

APOLLON

Hinaus, gebiet' ich, ungesäumt verlaßt das Haus,
Hinweg, entfernt euch aus dem Seherheiligtum,
Daß nicht beschwingt die Silberschlange dich ereilt,
Von goldgewirkter Bogenschnur hinausgesandt,
Und du vor Schmerz des Menschenblutes dunklen Schaum
Ausspeist in Klumpen, die du Leichen ausgeschlürft!
Euch geziemt, im Felsenhaus
Blutdürst'ger Leu'n zu wohnen; nicht dem Sehersitz
In diesen Räumen nahe sich ein solcher Greu'l!
So zieht von hinnen, ohne Hirten schwärmt hinaus!
Denn solcher Herde freut sich kein Unsterblicher.

DIE CHORFÜHRERIN

O Fürst Apollon, höre nun auch unser Wort!
Du selber trägst an diesem keinen Teil der Schuld,
Nein, hast's allein vollendet, dein ist alle Schuld.

APOLLON

Wie das? Soviel zu sagen sei dir noch vergönnt!

DIE CHORFÜHRERIN

Dein Spruch befahl dem Fremdling seiner Mutter Mord –

APOLLON

Befahl ihm, seines Vaters Tod zu rächen. Nun?

DIE CHORFÜHRERIN

Dann botest du der neuen Blutschuld deinen Schutz.

APOLLON

Zu flieh'n in dieses Hauses Hut gebot ich ihm. ...

ATHENE

Fernher am Strom Skamandros hört' ich lauten Ruf,
Und nun gewahr' ich diese Schar in meinem Land,
Wohl schreckt mich's nicht, doch Staunen fesselt meinen
                                                    Blick.
Wer seid ihr? Alle red' ich euch in einem an. ...

DIE CHORFÜHRERIN

Die Menschenmörder treiben wir von Haus und Herd.

ATHENE

Und wo gewinnt ein Ende solches Mörders Flucht?

DIE CHORFÜHRERIN

Dort, wo der Freude keine Statt beschieden ist. ...

APOLLON

Ich kam zu zeugen, (denn vor meinem Thron erschien
Der Mann als Schützling, und an meinem Herde saß
Er flehend, ich entsühnte seines Mordes ihn)
Dann selbst für ihn zu rechten. Denn ich habe schuld
Am Morde seiner Mutter.

Zu Athene

Du eröffne nun

Und ordne, wie du's kundig bist, des Handels Gang!

ATHENE *zu den Erinnyen*

Ihr habt zu reden – ich eröffne das Gericht –
Nun erhebet euch,
Nehmt euren Stimmstein und entscheidet diesen Streit,
Getreu dem Eidschwur. Alles habt ihr nun gehört.

*Während des folgenden Wechselgesprächs nehmen die Richter
die Stimmsteine vom Altar und werfen sie in die Urne. ...*

DIE CHORFÜHRERIN

    Doch will ich raten, uns, den unheildrohenden

    Genossen eures Landes, ja kein Leid zu tun. ...

ATHENE

    Schuldlos erkannt ist dieser Mann im Blutgericht;

    Denn gleich von beiden Seiten ist der Lose Zahl.

    *Sie legt ihren Stimmstein zu den Freisprechenden. Apollon ent-
fernt sich unbemerkt.*

An die Stelle der Götter, die bei Aeschylos über das Los der
Sterblichen entscheiden, tritt bei Dürrenmatt der Geldteufel:

DER BÜRGERMEISTER

    Ich heiße die Gemeinde von Güllen willkommen. Ich er-
öffne die Versammlung. Traktandum: Ein einziges. Ich
habe die Ehre, bekannt geben zu dürfen, daß Frau Claire
Zachanassian, die Tochter unseres bedeutenden Mitbür-
gers, des Architekten Gottfried Wäscher, beabsichtigt,
uns eine Milliarde zu schenken.

    Ein Raunen geht durch die Presse

DER BÜRGERMEISTER

    Fünfhundert Millionen der Stadt, fünfhundert Millionen
an jeden Bürger verteilt.

    Stille. ...

DER BÜRGERMEISTER

    Ich gebe dem Lehrer das Wort.

    Der Radioreporter nähert sich mit dem Mikrophon dem Lehrer

DER LEHRER

    Güllener. Wir müssen uns klar sein, daß Frau Claire
Zachanassian mit dieser Schenkung etwas Bestimmtes
will. Was ist dieses Bestimmte? Will sie uns mit Geld be-
glücken, mit Gold überhäufen? ... Ihr wißt, daß dies nicht
so ist. Frau Claire Zachanassian plant Wichtigeres. Sie
will für ihre Milliarde Gerechtigkeit, die Gerechtigkeit.
Sie will, daß sich unser Gemeinwesen in ein gerechtes

verwandle. Diese Forderung läßt uns stutzen. Waren wir
denn nicht ein gerechtes Gemeinwesen?

Der Erste

Nie!

Der Zweite

Wir duldeten ein Verbrechen!

Der Dritte

Ein Fehlurteil!

Der Vierte

Meineid!

Eine Frauenstimme

Einen Schuft!

Andere Stimmen

Sehr richtig!

Der Lehrer

Gemeinde von Güllen! Dies der bittere Tatbestand: Wir
duldeten die Ungerechtigkeit. . . .

Nur wenn ihr das Böse nicht aushaltet, nur wenn ihr
unter keinen Umständen in einer Welt der Ungerechtigkeit mehr leben könnt, dürft ihr die Milliarde der Frau
Zachanassian annehmen und die Bedingung erfüllen, die
mit dieser Stiftung verbunden ist. Dies, Güllener, bitte
ich zu bedenken . . .

Der Bürgermeister

Hat jemand zur Stiftung der Frau Zachanassian eine Bemerkung zu machen?

Schweigen

Der Bürgermeister

Herr Pfarrer?

Schweigen

Der Bürgermeister

Herr Stadtarzt?

Schweigen

Der Bürgermeister

Die Polizei?

Schweigen

DER BÜRGERMEISTER

Die politische Opposition?

Schweigen

DER BÜRGERMEISTER

Ich schreite zur Abstimmung.

Stille. Nur das Surren der Filmapparate, das Aufblitzen der Blitzlichter

DER BÜRGERMEISTER

Wer reinen Herzens die Gerechtigkeit verwirklichen will, erhebe die Hand.

Alle außer Ill erheben die Hand

DER RADIOREPORTER

Andächtige Stille im Theatersaal. Nichts als ein einziges Meer von erhobenen Händen, wie eine gewaltige Verschwörung für eine bessere, gerechtere Welt. . . .

DER KAMERAMANN

Schade, Herr Bürgermeister. Die Beleuchtung streikte. Bitte die Schlußabstimmung noch einmal.

DER BÜRGERMEISTER

Noch einmal?

DER KAMERAMANN

Für die Filmwochenschau.

DER BÜRGERMEISTER

Aber natürlich.

DER KAMERAMANN

Scheinwerfer in Ordnung?

EINE STIMME

Klappt.

DER KAMERAMANN

Also los.

Der Bürgermeister setzt sich in Pose

DER BÜRGERMEISTER

Wer reinen Herzens die Gerechtigkeit verwirklichen will, erhebe die Hand.

Alle erheben die Hand

DER BÜRGERMEISTER

Die Stiftung der Claire Zachanassian ist angenommen. Einstimmig. Nicht des Geldes,

DIE GEMEINDE

Nicht des Geldes,

DER BÜRGERMEISTER

Sondern der Gerechtigkeit wegen.

DIE GEMEINDE

Sondern der Gerechtigkeit wegen.

DER BÜRGERMEISTER

Und aus Gewissensnot.

DIE GEMEINDE

Und aus Gewissensnot.

DER BÜRGERMEISTER

Denn wir können nicht leben, wenn wir ein Verbrechen unter uns dulden.

DIE GEMEINDE

Denn wir können nicht leben, wenn wir ein Verbrechen unter uns dulden.

DER BÜRGERMEISTER

Welches wir ausrotten müssen.

DIE GEMEINDE

Welches wir ausrotten müssen.

DER BÜRGERMEISTER

Damit unsere Seelen nicht Schaden erleiden.

DIE GEMEINDE

Damit unsere Seelen nicht Schaden erleiden.

DER BÜRGERMEISTER

Und unsere heiligsten Güter.

DIE GEMEINDE

Und unsere heiligsten Güter. . . .

DER BÜRGERMEISTER

Die Herren von der Presse, vom Rundfunk und vom Film sind zu einem Imbiß eingeladen. Im Restaurant. Sie verlassen den Theatersaal am besten durch den Bühnenausgang. Den Frauen ist im Garten des Goldenen Apostels ein Tee serviert.

Hier wird die Gerechtigkeit nicht erstritten, sondern erkauft. Hinter dieser Skepsis lauert das Bewußtsein von der Ohnmacht des einzelnen gegenüber den Mächtigen, die ihn manipulieren. Es ist kein Zweifel, daß die Menschen unserer Zeit sich in den Einwohnern von Güllen wiedererkennen, denn ihr Schicksal ist von den gleichen massiven Kräften abhängig wie das ihre.

Also, könnte man fragen, spricht die Wirkung der eben zitierten Szene für ein Drama des sozialistischen Realismus? Man sollte es sich bei der Beantwortung dieser Frage nicht zu leicht machen. Das Problem besteht darin, welche Faktoren von einer Gesellschaft als wichtig empfunden und in den Vordergrund gerückt werden. Wenn man alles, was nicht in ein bestimmtes Vorstellungsschema paßt, ausschaltet, wird das Drama des sozialistischen Realismus möglich, aber es verwandelt den immerhin lebendigen Menschen in eine statische Größe, in einen Typus, der ein- für allemal festgelegt ist. Wie weit man damit kommt, zeigen die „Lehrstücke", die der große Dramatiker Brecht in seiner doktrinären und darum unfruchtbarsten Periode geschrieben hat. Gewiß hat dieses dogmatische Theater noch eine Funktion in der Gesellschaft, an die es sich wendet, doch es bleibt leer von jeder dramatischen Spannung. Das Theater ist notwendig an das Dramatische gebunden. Sobald es nur Situationen zeigt, die eine vorgeschriebene und allen bekannte Lösung haben, sinkt es zum Propaganda-Institut herab. Die Widersprüche des Lebens lassen sich nicht verharmlosen, indem man sie auf einen ökonomischen Generalnenner bringt.

Von einer ganz anderen Seite her hat Pirandello (auf den wir noch länger zurückkommen werden) versucht, die alltägliche Wirklichkeit gegen das Drama auszuspielen.

Doch seine unsinnliche Mystik geht über die Dimensionen des Theaters hinaus, und der perspektivische Durchblick, den sie eröffnen will, bleibt in den Hintergründen verschwommen. Das Theater hat es nicht mit dem Geheimnis des Lebensprozesses, sondern mit seiner Transposition in die Erscheinung zu tun.

An einem ähnlichen Mangel wie Pirandellos Dramen leidet das kultische Theater. Denn es gibt nämlich keine magische oder religiöse Grundlage mehr, aus der eine kultische Gemeinschaft zwischen den Logenbesuchern und den Schauspielern sich herausbilden könnte. Wo mit dem Wunder operiert wird, entsteht die gefährliche Illusion, daß sich mit dem verbesserten mechanischen Mittel der modernen Bühne ein Ort außerhalb unserer Wirklichkeit suggerieren ließe, in dem das Wunder beheimatet sei und von wo es durch den Regisseur beliebig hervorgeholt werden könne. Daß an diese Möglichkeit überhaupt geglaubt wird, hängt indirekt mit unserer Guckkastenbühne zusammen, die übrigens erst im 16. Jahrhundert entstanden ist. Oskar Fritz Schuh hat einmal mit Recht gesagt, daß der Zuschauer durch die Verengung seines Blickfelds geneigt sei, alles, was auf der Guckkastenbühne geschehe, für wahr zu halten. Auf der anderen Seite schafft diese Bühne durch den Vorhang zwei Erlebnisräume, deren Trennung um so fühlbarer werden muß, je schärfer sich das Drama vom alltäglichen Dasein der Zuschauer abgrenzt. Von da aus werden die immer wiederholten Versuche großer Regisseure erklärlich, die Kluft zwischen Bühne und Publikum zu überbrücken.

Den größten Erfolg mit solchen Bemühungen hatte wohl Vilar mit seinem théâtre populaire. Vilar steht, wie Ionesco, unter dem Einfluß Antonin Artauds. Er sehnt nach seinen eigenen Worten ein Theater herbei, das den Menschen vollständig erfaßt und in eine Trance versetzt, wie er sie sonst nur bei sportlichen Wettkämpfen erlebt. Natürlich hat Vilar ein französisches Volkstheater im Sinn, das heißt, er

knüpft an eine Bühnentradition an, die fast zweihundert
Jahre älter ist als die unsere. Es ist sehr bezeichnend, daß
er in seinem Inszenierungsstil zu den Anfängen dieser Tradition zurückkehrt. Die Bühne wird von den Kulissen, die
für das Zeitalter des Bürgertums so kennzeichnend sind,
gereinigt, und da auch der Hintergrund offenbleibt, spielt
sich das Drama in einem leeren Raum ab, den der Zuschauer
mit seiner Einbildungskraft füllen muß. Dadurch wird
seine Teilnahme geweckt. Man hat gesagt, Vilars Stil sei
abstrakt und wirklichkeitsfremd. Doch gerade die Wirklichkeit des Dramas ist eine Wirklichkeit unserer Auffassung. Daher ist die bloße Anhäufung von Mobiliar, von
Stühlen, Tischen und Bänken, noch keine realistische Umwelt im künstlerischen Sinn; die Klassiker lassen sich nicht
dadurch beleben, daß man sie in stilechten Interieurs spielt.
Soweit hat Vilar recht, aber die m o d e r n e n Dramen kommen auf der entleerten Bühne nicht zur vollen Wirkung,
sie verlangen wieder eine Umwelt – nicht zur Verstärkung
der Illusion, sondern als Kontrast, wenn man will: als Mittel der Verfremdung.

Bezeichnend dafür ist Dürrenmatts Beschreibung des
Szenariums zu der „Ehe des Herrn Mississippi":

Zwei Riesenfenster, sich nach oben verbreiternd, wie
alles in diesem Raum, in welchem die Perspektive nach
oben auseinandergeht, reichlich irrsinnig, als befände man
sich unten in einem Höllentrichter, als wäre der Raum
oben für Riesen, unten für Zwerge gebaut – und doch
darf trotz aller Phantastik die Bürgerlichkeit des Zimmers
nicht verloren gehen, die, ein- für allemal gesagt, nun eben
etwas zum Himmel stinken sollte.

Entsprechend sollen die Nippsachen reichlich angehäuft
werden, und der Stil des Mobiliars reicht von Louis Qua-
torze bis zum Biedermeier. Im Vergleich damit wirkt Vilars Bühne wie ein säuberlich gefegter Tempel. Vilar verläßt sich auf die Phantasie der Zuschauer, aber das kann

den neueren Autoren nicht genügen. Sie benutzen das psychologische Mittel des Schocks. Ionescos Bühnenbilder sollen das Publikum brüskieren. Da ist, wie das Szenarium von „Jakob oder der Gehorsam" vorschreibt,

ein Fenster mit schmutzigen Vorhängen, durch die fahles Licht hereinfällt. Ferner ein Gemälde, das nichts darstellt, und mitten auf der Bühne ein Sessel, alt, gebraucht und verstaubt. Ein Nachttisch. Undefinierbare Gegenstände, sonderbar und banal wie zum Beispiel alte Pantoffeln. Vielleicht in einer Ecke ein eingesunkenes Sofa. Wacklige Stühle.

In diesem Milieu erlebt der Zuschauer die tierische Liebesszene zwischen dem braven Jacob und seiner dreinäsigen Roberta. Das alles soll nach Ionescos Regieanweisung „die Zuschauer peinlich, schamlos, unheimlich berühren ... Die Darsteller stoßen im Drehen Miau-Laute aus, stöhnen seltsam und fauchen." Hier ist der Bruch mit der äußeren Wirklichkeit so konsequent vollzogen, daß der Zuschauer – gebrauchen wir ruhig das Bild – den Kopf verliert. Die ganze Leere des Menschen von heute, der in der Apparatur des Rationalen gefangen ist, wird auf der Bühne bloßgelegt. Das Gefüge der Persönlichkeit, das nur durch den Zwang der Konvention zusammengehalten wird, zerbirst wie die Figurenattrappen, die Ionesco hinstellt. Das Unbewußte, das bewegende Agens der Existenz, wird aus seinem Kerker befreit, und dadurch erkennt der Zuschauer die Dissonanz zwischen dem, was er ist, und dem, wofür er sich hält.

Durch den Appell an das Unbewußte ist es dem genialen Regisseur des Piccolo teatro in Mailand, Giorgio Strehler, gelungen, ein klassisches Drama, dessen blutrünstige Handlung kaum mehr nachfühlbar ist, wie ein Werk unserer Tage erscheinen zu lassen. Es handelt sich um eine Aufführung des Macbeth. Bekanntlich ist Macbeth ein Alterswerk Shakespeares, in das übersinnliche Elemente aus dem

Mythos hineinspielen. Aus dem Gegensatz zwischen den lichten und düsteren Gewalten empfängt Strehler die Inspiration zu einer neuen Deutung des Dramas, die auch den sogenannten gebildeten Zuschauer unmittelbar angeht. Strehler schafft zwei Ebenen des Geschehens, indem er die Bühne horizontal zerlegt. Die untere Szene zeigt das Halbrund eines archaischen Gewölbes, aus dessen dunklen Öffnungen die Gestalten hervortreten und worin sie wieder verschwinden. Nach oben ist diese Krypta durch einen grauen Vorhang abgeschlossen. Wenn dieser Vorhang sich teilt und die untere Bühne sich verdunkelt, so wird im Scheitelpunkt des steinernen Aufbaus eine zweite Szene sichtbar, über die sich ein unendlich weiter fahlblauer Himmel spannt. So gewinnt Strehler die Möglichkeit, den Widerstreit der guten und der bösen Mächte durch ständigen Wechsel der Beleuchtung wie eine Phantasmagorie des Macbeth erscheinen zu lassen. Der wirkliche Macbeth, der als ein dicker, in sich gekehrter Mann, als das Gegenteil eines Helden also, dargestellt wird, bleibt in dem niederen Gemäuer seines Daseins gefangen, während Banquos Geist wie eine Halluzination auf der oberen Szene zu sehen ist. Die beiden Welten der Wirklichkeit und der inneren Vorstellung sind als zwei getrennte Bereiche da und doch in der Einheit des Seelischen miteinander verbunden. Das Gemurmel der Hexen, das Leuchten der Königskrone, der anmarschierende Wald von Dunsinam enthüllen sich als die Wahngebilde eines Kranken, der vergeblich aus dem Kerker seines Ichs auszubrechen sucht.

Wenn es Strehler in diesem kühnen tiefenpsychologischen Experiment geglückt ist, die Einheit von Innen und Außen auf der Bühne sichtbar zu machen, so wird dadurch auch die Einheit zwischen der Darstellung und dem Publikum wieder hergestellt. Hier ist die Versöhnung von Mythos und Alltag gelungen und zugleich eine Grundbedingung des Theaters erfüllt – ob es sich nun um das neue Drama

oder um das klassische Erbe handelt. Was ist diese Grundbedingung? Sie läßt sich in ein paar Worten beschreiben:
Sobald der Vorhang sich hebt, müssen wir uns darüber
wundern können, daß alles so anders ist als das, was wir
das wirkliche Dasein nennen – und daß es uns trotzdem
oder gerade deshalb etwas bedeutet. Denn der Schauspieler
drückt etwas aus, was in uns selbst verborgen liegt. Er
agiert, was in jedem Menschen vorgeht, er verwirklicht das
Nicht-Verwirklichte und probiert aus, was wir sein könnten – wenn wir uns nicht verstellten.

DER VERSCHWUNDENE GEGENSPIELER

In unserer ersten Betrachtung sind wir vom Zuschauer ausgegangen – von jenem Zeitgenossen also, der, in seinen Sitz zurückgelehnt, das Spiel auf der Guckkastenbühne aus sicherer Entfernung betrachtet. Was wünscht er zu erleben? Was kann ihn so fesseln, daß er an den imaginären Vorgängen teilnimmt, als ob er selbst darin verwickelt wäre?

Man wird sagen, die Frage lasse sich nicht beantworten, weil es verschiedene Gruppen von Zuschauern gebe, von denen jede das Theater aus einem anderen Grund besuche. Um Erfolg zu haben, müsse der Dramatiker allen zu gefallen suchen. Gewiß – das veranlaßte auch Shakespeare, in seine Stücke, die „Caviar fürs Volk" waren, Narrenszenen und Clownsspäße einzubauen. Indes, seit Shakespeares Zeiten hat sich manches geändert. Die feudale Ordnung mit ihrer scharfen Trennung zwischen „oben" und „unten" ist verschwunden. Der gesellschaftliche Druck hat sich verlagert. Nicht Standesunterschiede und Bildungsprivilegien, sondern der Zwang zur Anpassung und die Vereinsamung des Menschen in der großen Masse sind das entscheidende Moment. Jeder einzelne in der Menge möchte aus der Einförmigkeit seines alltäglichen Lebens, aus dem schmalen Zuschnitt seiner sozialen Rolle heraus. Er verlangt danach, im Ablauf seines eng begrenzten Daseins das Allgemeine wiederzufinden. Das ist es, was ihn ins Theater treibt – denn nur dort hofft er, aus dem Zirkel herausfinden, der ihn gefangen hält.

Kann das moderne Drama diese Hoffnung erfüllen? Viele kritische Köpfe zweifeln daran, weil das Schauspiel heute statt einer großen, alles zusammenhaltenden Perspektive nur einzelne Durchblicke zu geben vermag. Durch den Verlust eines einheitlichen Lebensgefühls, das sich auf den Glauben an eine metaphysische Weltordnung oder an den Hegelschen Weltgeist gründete, wird auch die Einheit der dramatischen Handlung zerstört. Sie stützte sich auf die Erfahrung einer Totalität der Existenz, in der das Gegeneinander feindlicher Kräfte zu einem sinnvollen Ganzen zusammenwuchs. Der Weg zu dieser Erfahrung ist uns heute verschlossen. Die Kräfte, die auf uns einwirken, sind isolierte Größen, die höchstens noch in einer mathematischen Formel, aber nicht im Gleichnis einer geschlossenen Bühnenhandlung vereinigt werden können. Damit sind die Grundfesten des Dramas erschüttert. Statt des Widerstreits absoluter Mächte, die im Konflikt handelnder Figuren sichtbar werden und einer tragischen Lösung zustreben, kann der Dramatiker unserer Zeit gleichsam nur die Negation einer Handlung geben. Die Menschen, die er darstellt, stehen beziehungslos nebeneinander. Sie reden aneinander vorbei oder halten lange, abstruse Monologe. Eines der ersten und schönsten Beispiele für diesen neuen Ausdrucksstil findet sich bei Frank Wedekind in dem Zwiegespräch zwischen dem Hochstapler, der sich Marquis von Keith nennt, und seinem wahnsinnigen Freund Ernst Scholz:

v. KEITH
  Ich wollte eben zu dir ins Hotel fahren.
SCHOLZ
  Das hat keinen Zweck mehr. Ich reise ab.
v. KEITH
  Dann gib mir aber noch die zwanzigtausend Mark, die du mir gestern versprochen hast!
SCHOLZ
  Ich gebe dir kein Geld mehr.

v. Keith

Die Karyatiden zerschmettern mich! Man will mir meinen Direktionsposten nehmen!

Scholz

Das bestärkt mich in meinem Entschluß.

v. Keith

Es handelt sich nur darum, eine momentane Krisis zu überwinden!

Scholz

Mein Vermögen ist mehr wert als du! Mein Vermögen sichert den Angehörigen meiner Familie noch auf unendliche Zeiten eine hohe, freie Machtstellung! Währenddem du nie dahin gelangst, einem Menschen irgend etwas zu nützen!

v. Keith

Wo nimmst du Schmarotzer die Stirne her, mir Nutzlosigkeit vorzuwerfen?!

Scholz

Lassen wir den Wettstreit! – Ich leiste endlich den großen Verzicht, zu dem sich so mancher einmal in diesem Leben verstehen muß.

v. Keith

Was heißt das?

Scholz

... Ich habe mich von allem losgerissen. – Ich gehe in eine Privatheilanstalt.

v. Keith

... Über mir schwebt keine andere Gefahr, als daß ich morgen kein Geld habe!

Scholz

Du wirst Zeit deines Lebens morgen kein Geld haben! Ich wüßte dich vor den heillosen Folgen deiner Verblendung gerne in Sicherheit. Deswegen komme ich noch einmal zu dir. Ich habe die heilige Überzeugung, daß es für dich das beste ist, wenn du mich begleitest.

v. Keith *lauernd*

Wohin?

Scholz

In die Anstalt.

v. Keith

Gib mir die dreißigtausend Mark, dann komme ich mit!

Scholz

Wenn du mich begleitest, brauchst du kein Geld mehr.
Du findest ein behaglicheres Heim, als du es vielleicht
jemals gekannt hast. Wir halten uns Wagen und Pferde,
wir spielen Billard ...

v. Keith *ihn umklammernd*

Gib mir die dreißigtausend Mark! Willst du, daß ich hier
vor dir einen Fußfall tue? Ich kann hier vom Platz weg
verhaftet werden!

Scholz

Dann bist du schon so weit!? –

Ihn zurückstoßend

Ich gebe solche Summen keinem Wahnsinnigen!

v. Keith *schreit*

Du bist der Wahnsinnige!

Scholz *ruhig*

Ich bin zu Verstand gekommen.

v. Keith *höhnisch*

Wenn du dich in die Irrenanstalt aufnehmen lassen willst,
weil du zu Verstand gekommen bist, dann – geh hinein!

Scholz

Du gehörst zu denen, die man mit Gewalt hineinbringen
muß! .....

v. Keith *wirft sich vor ihm auf die Knie und umklammert seine
Hände*

Gib mir die vierzigtausend Mark, dann bin ich geret-
tet!

Scholz

Die retten dich nicht vor dem Zuchthaus!

v. Keith *entsetzt emporfahrend*

  Schweig!

Scholz *bittend*

  Komm mit mir, dann bist du geborgen. Wir sind zusammen aufgewachsen; ich sehe nicht ein, warum wir
  nicht auch das Ende gemeinsam erwarten sollen. Die
  bürgerliche Gesellschaft urteilt dich als Verbrecher ab
  und unterwirft dich allen unmenschlichen mittelalterlichen Martern ...

v. Keith *jammernd*

  Wenn du mir nicht helfen willst, dann geh, ich bitte dich
  darum!

Scholz *Tränen in den Augen*

  Wende deiner einzigen Zuflucht nicht den Rücken! Ich
  weiß doch, daß du dir dein jammervolles Los ebensowenig selber gewählt hast, wie ich mir das meinige.

v. Keith

  Geh! Geh!

Scholz

  Komm, komm. – Du hast einen lammfrommen Gesell-
  schafter an mir. Es wäre ein matter Lichtschimmer in
  meiner Lebensnacht, wenn ich meinen Jugendgespielen
  seinem grauenvollen Verhängnis entrissen wüßte.

v. Keith

  Geh! Ich bitte dich!

Scholz

  – – – Dann vergiß nicht, wo du einen Freund hast, dem
  du jederzeit willkommen bist.

  Ab

Thomas Mann hat von dieser Wechselrede gesagt, sie sei
„seine" Szene, „nichts gehe ihm darüber" in dem „tief deutschen, von grenzenlos verschlagenem Geist schillernden
Werk Wedekinds" – und dann findet Thomas Mann Worte,
die als kennzeichnendes Motto für viele Stücke moderner

Dramatiker von Dürrenmatt bis Beckett stehen könnten. „In einem nichtssagenden modernen Zimmer", sagt er, „wechseln zwei Männer in bürgerlicher Kleidung kurze und glasklare Repliken; aber dahinter spukt und lockt ein Mysterium. Es ist das Mysterium der Abdankung. Wer es faßt, der fasse es."

Manns einziger Irrtum war, daß er die neue Form, die Wedekind für den dramatischen Dialog gefunden hatte, „tief deutsch" nannte. Auch der Ur-Franzose Jean Giraudoux, der seine Gestalten so oft aus dem klassischen und biblischen Sagenkreis holte, hat sie in seiner Weise in der „Irren von Chaillot" angewandt. Die gallische Ironie seines Stücks kann nicht über den tragischen Unterton – oder, wie Mann es auf seine deutsche Art nennt: über das Mysterium der Abdankung hinwegtäuschen. Der Abstand zwischen einer im kalten Materialismus erstarrten Welt und dem Reich der Idee und der Humanität erscheint Giraudoux unüberbrückbar. Verschwunden sind die trostreichen Erinnerungen an das perikleische Zeitalter, versunken ist der Glaube an ein Universum, mit dem der Mensch sich in Einklang befindet. An die Stelle der heilen Schöpfung ist ein grausam verzerrtes Gebilde getreten, eine Welt der unerfüllbaren Sehnsucht, der schmerzenden Bizarrerien. Giraudoux weiß noch um die Botschaft des Dichters, aber er muß sie durch den Mund einer Wahnsinnigen verkünden lassen:

LUMPENSAMMLER

Die Welt ist voll von Aufpassern. Sie leiten alles, sie verderben alles. Sehen Sie sich die Ladenbesitzer an. Sie lächeln einem nicht mehr zu. Sie achten nur auf die Aufpasser. Die Metzger unterstehen dem Kalbfleischaufpasser, der Obst- und Gemüsehändler dem Grünwarenaufpasser. Man sollte gar nicht glauben, wie weit dieses Laster geht ... Daher wird auch alles teuer, Gräfin. Sie trin-

ken ihren Weißwein mit Cassis. Von den zwanzig Sous,
die er kostet, gehen zwei ab für den Weißweinaufpasser
und zwei für den Cassisaufpasser. Da sind mir die rich-
tigen Aufpasser noch lieber, Gräfin. Denen drücke ich die
Hand ... Es gibt Frauen, die sind nach ihren Aufpassern
ebenso verrückt, wie das Kalb sich nach den Seinen sehnt.

DIE IRRE

Pierre, ist das wahr, was der Lumpensammler erzählt?

PIERRE

Es ist noch schlimmer. Nicht einmal die Luft ist mehr so,
wie sie war. Die Tauben fliegen nicht mehr, sie gehen zu
Fuß.

DIE IRRE

Warum habt ihr mir nichts davon gesagt?

PIERRE

Was hätten Sie dagegen tun können?

DIE IRRE

Das werden wir sehen, und sogar noch heute abend. Was
jammert ihr alle, statt zu handeln? Könnt ihr eine Welt
ertragen, in der man nicht glücklich ist vom Aufstehen
bis zum Schlafengehen? In der man nicht sein eigener
Herr ist? Seid ihr feig? Euere Peiniger sind Verbrecher,
man braucht sie also bloß einzusperren.

PIERRE

Es sind ihrer zu viele. Es sind hunderte, Gräfin. Sie sind
alle miteinander im Einverständnis, sie stützen sich gegenseitig. Sie sind enger miteinander verbunden als Berg-
steiger durch das Seil.

DIE IRRE

Um so besser. Daran werden sie zugrunde gehen. Man
braucht sie bloß alle auf einmal in dieselbe Falle zu
locken .....

PIERRE

Sie haben die Macht. Sie haben das Geld, und sie sind
gierig.

DIE IRRE

Gierig! Dann sind sie verloren! Wenn sie gierig sind, sind sie einfältig. Wo macht man schlechte Geschäfte? Ausschließlich bei Geschäften. Verlaßt euch auf mich, ich habe bereits meinen Plan.

Das einzige, was den Poeten von den wirklich Tollen, den Geldjägern und Schatzgräbern, unterscheidet, ist, daß er den Wahnsinn bewußt wählt – und in dieser Form den Glauben an die Idee festhält. Als Giraudoux dem Vorbild dieser Gräfin zum ersten Mal begegnete, sagte er: „Sie ist königlich, eine Art leibhaftigen Jammers, ein baudelairescher Protest. Sie zeigt der Welt ein Bild höchster Freiheit, wie die Welt sie nicht mehr erreicht ... Sie ist verrückt – eine lebendige Anklage, die kommende Rache, die Verkörperung der Verachtung."

Man mag darin ein Motiv erkennen, das vielen Stücken der neueren Autoren zugrundeliegt und ihren Zug zum Absurden und Grotesken erklärt.

Die Groteske setzt ein tragisches Lebensgefühl voraus, für das kein adäquater Ausdruck mehr gefunden werden kann, da die Worte keinen Sinn mehr tragen und jeden, der sie spricht, allein zurücklassen. Wer gegen die alles beherrschende rationale Ordnung der Dinge sein Wissen um „das Unerträgliche" setzt, wie Ionesco, wird als nihilistischer Zerstörer geheiligter Werte, als Varieté-Clown oder bestenfalls als weltloser Idealist abgestempelt. Doch wenn Narrengestalten, Vagabunden und verschrobene Existenzen unsere Bühnen bevölkern, so nur, weil man sie und das, was sie uns über den Menschen lehren könnten, aus unserer selbstgenügsamen Gesellschaft verbannt hat. Es fehlt uns der Gegenspieler, der uns zur Auseinandersetzung mit uns selbst zwingt und die schützende Schale unseres Tagesbewußtseins zum Bersten bringt; nur auf der Bühne begegnen wir ihm noch, in fast unkenntlicher Gestalt und in *grotesker* Verkleidung. Dahinter lauern die alten Dämonen, die wir längst für immer besiegt zu haben glauben. In Jean Genêts mordlustigen Zofen tauchen sie ebenso auf wie in Audibertis erotisch besessenen Frauen- und Männergestalten; aber auch die lemurischen Sinnbilder des Machtwahns in Dürrenmatts „Die Ehe des Herrn Mississippi", der Geldgier in O'Neills „Marco Millions" und der seelenlosen Grausamkeit in Ionescos „Unterrichtsstunde" gehören zu dieser Gruppe. Ist es wirklich nichts als die Lust am Bösen oder die Freude an einer billigen Farce, die solche Spukbilder zum Leben zu erwecken sucht? Oder kündigt sich hier ein echter, dramatischer Widerstand gegen die gleichmachenden Kräfte an, die unser Dasein einengen und den Menschen zu einem Automaten erniedrigen? Dann wären die Verfasser der oft geschmähten und selten verstandenen Grotesken die wahren Verteidiger des Humanen in einer entseelten Welt. Ob sie aber auf dem Theater in unserer rational funktionierenden Massengesellschaft ihr Ziel erreichen können, ist eine andere Frage.

Das führt uns wieder zum Zuschauer zurück, der zwar keineswegs mit sich und seiner ausweglosen Lage zufrieden ist, aber jeden Angriff auf das mühsam bewahrte Gleichgewicht seines Ichs abwehrt. Er glaubt nicht mehr daran, der Dissonanz in seinem Dasein Herr werden zu können, aber gerade deswegen liebt er es nicht, wenn der Dramatiker sie ihm unerbittlich vor Augen führt. Wie der Biedermann in Max Frischs „Biedermann und die Brandstifter" will er die Gefahr nicht sehen, die ihm droht, und ein Chor gleichgesinnter „Feuerwehrleute" bestärkt ihn in seinem Vertrauen auf die rettende Macht einer technisch perfekten Organisation. „Wir sind bereit", versichert der Chor, „sorgsam gerollt sind die Schläuche, die roten, alles nach Vorschrift, blank ist und sorgsam geschmiert und aus Messing jeglicher Haspel. Jedermann weiß, was zu tun ist." Dann aber folgt eine Detonation fürchterlicher Art, und

das „Weh uns, weh uns, weh uns" des Chors kommt zu
spät. Biedermann findet sich in der Hölle wieder. Das ist
für den Zuschauer, wenn er es richtig versteht, recht star-
ker Tobak, den er nur verträgt, weil er das Ganze für ein
böses Märchen hält.

Auf größere Empfänglichkeit darf ein Dichter rechnen,
wenn er mystische Sinnfiguren erfindet, welche als Doppel-
gänger die auf ewig gespaltene Natur des Menschen symbolisieren. Beispiele für diese Technik der Entrückung finden sich in den Stücken Ernst Barlachs. In „Der arme Vetter" begegnet ein kräftiger Lebensgenießer namens Siebenmark seinem zweiten, schattenhaften Ich, und es entspinnt
sich folgender Dialog:

IVER

Geben Sie bald Hochzeit?

SIEBENMARK

Interessiert Sie das?

IVER

Gewissermaßen – ja. Sie erlauben doch, daß ich mich
ebenso ungeniert in Ihre Angelegenheiten mische, wie
Sie sich in meine?

SIEBENMARK *lacht*

Herr – nicht wahr, Iver sagten Sie – also Herr Iver.
Klopft ihm auf die Schulter
Sie sind wohl sehr müde – erschöpft, selbstverständlich.
Aber Sie sollten doch nicht aus der Rolle fallen. Sie fan-
gen nämlich an, sich ernst zu nehmen. Ein kleines Ver-
sehen, aber immerhin ein Fehler.

IVER

Sie haben recht . . . . .

SIEBENMARK

Was Sie unter Männern wert sind, das wissen wir ja
nachgerade, aber, wenn Sie mit Weibern allein sind, das
ist noch ein Problem.

IVER

Was heißt das – Weib ist Weib. Ob Sie und das Fräulein
Braut – oder ich und die Meta, oder die Doris – oder –
alles eins!

SIEBENMARK

Wollen Sie geprügelt werden?

Faßt sich

So, so – das ist mir neu, ich bin nämlich ein klein wenig
eingebildet auf meine Braut – aber Ihre Meinung hat
natürlich Hand und Fuß?

IVER

Wollen Sie bestreiten, daß Sie in Ihrer Braut nur sich
selbst erkennen, nur verkappt, in andrer Gestalt, mit
Lock- und Reizmitteln besetzt?

SIEBENMARK

Nein, ziehen Sie eine andre Walze auf.

IVER

Da kommt vom andern Ende der Welt etwas Unbegreifliches – aber Sie – Sie denken: Sieh da, Zwieback! Und
das nennen Sie dann Frau Siebenmark.

SIEBENMARK

Sind Sie nun zu Ende?

IVER

Nein, durchaus nicht; wissen Sie, was nun kommt?

SIEBENMARK

Sehen Sie sich vor!

IVER

Also, Frau Siebenmark, sage ich, nicht mehr und nicht
weniger.

Lauter

Und es war doch einmal etwas Unbegreifliches! In Gedanken haben Sie ein Selbstporträt gemacht aus Ihrer
Braut, noch dazu ein gemeines, geschmeicheltes. Das
muß nett aussehen: Frau Siebenmark als Zwieback! Donnerwetter, was für Unzucht haben Sie mit sich selbst

getrieben: Haben sich in Ihre Braut verkleidet und verkörpert und nun denken Sie an Ihre Phantasien .....

SIEBENMARK

Ich weiß wirklich nicht, wovon Sie sprechen.

Ausbrechend

Aber nun ist's genug!

IVER

O, ich spiele ihr auf – eine geistliche Melodie und führe sie zum Glauben an meinen Geist. Da liegt sie denn und schmachtet sich aus. Weil mein Geist Platz braucht, wird ihrer in die Kloake getan. Bravo, ich setze mich ins warme Nest und räuchere alles aus, was mir nicht mit Gefälligkeit dient.

SIEBENMARK

Sprechen Sie immer noch von sich selbst?

IVER

Kriecht Ihnen so etwas wie ein Gefühl über die Leber, daß ich am Ende doch nicht unwürdig wäre?

SIEBENMARK

Bestie!

IVER

Gedanken lassen sich nicht überschreien, sie kriechen durch den Magen in die Nieren und dann gibt's Kolik, passen Sie auf! Aber bleiben wir bei unserer letzten Annahme: Ihre Braut ist Frau Siebenmarks wert. Hm?

SIEBENMARK

Was soll ich machen, geprügelt sind Sie doch!

IVER

Denunzieren Sie mich – Sie werden ja sehen, ob Ihre Braut sich bei Ihnen auf plattem Boden zu Hause fühlt, was haben Sie?

SIEBENMARK *unartikulierte Schimpfworte ausstoßend*

... Ich will's nicht hören, ich kann nicht mehr, lieber bersten, bellen, blöken, heulen.

Stürzt fort.

Der Zuschauer hat gegen die Verlagerung seiner inneren Konflikte auf die höhere Ebene einer metaphysischen Spekulation nichts einzuwenden, da sie ihm erlaubt, den Zwiespalt in seiner Existenz als ein allgemeines und unlösbares Problem des menschlichen Daseins überhaupt zu verstehen. Das gibt ihm die willkommene Möglichkeit, vor den konkreten Bedingungen seiner persönlichen Situation die Augen zu verschließen. Bei Barlach, auf den wir sogleich näher eingehen werden, gründet sich die mystische Wendung freilich auf eine absolute Verneinung der sinnlichen Welt, aber in den meisten expressionistischen Dramen seiner Zeit wird die materielle Realität nur verflüchtigt, weil man es vorzieht, sich in eine unverbindliche und im Grunde romantische Subjektivität zu flüchten. Daraus erklärt sich das auffallende Phänomen, daß in den Werken dieser Epoche eine Fülle von Doppelgänger-Figuren auftaucht, die den fehlenden realen Gegenspieler ersetzen sollen – so in „Zweimal Oliver" von Georg Kaiser, im „Alexanderzug" von Arnolt Bronnen und sogar beim jungen Brecht im „Baal" und im „Dickicht der Städte", wo es im Zwiegespräch zwischen den beiden Ich-Figuren heißt: „Du hast begriffen, daß wir Kameraden sind, Kameraden einer metaphysischen Aktion! ..." Natürlich ist unter „Kameraden einer metaphysischen Aktion" eine Bühnenhandlung nicht möglich. Es spricht für den Dramatiker Brecht, daß er sich aus dieser Atmosphäre des Ungewissen und Unlebendigen gelöst hat. Schon der Schluß von „Im Dickicht der Städte" kündigt die Wendung zur Realität an: „Und das Geistige", sagt die Gestalt des Garga zum Phantom seiner selbst, „das, sehen Sie, das ist nichts. Es ist nicht wichtig, der Stärkere zu sein, sondern der Lebendige. Ich kann Sie nicht besiegen, ich kann Sie nur in den Boden stampfen."

Im Gegensatz zu Brecht bleibt Georg Kaiser ganz im Unsinnlich-Spirituellen befangen. Die architektonische Struktur seiner Stücke kann nicht darüber hinweghelfen, daß

die Bewegungen und Taten seiner schemenhaften Doppelgänger-Figuren nur vorgetäuscht sind; was sie erleben, ist
ein Spiel der Gedanken mit sich selbst – eine Halluzination
ohne poetische Substanz. Als Beispiel dafür mag die Szene
dienen, in der vorgeführt wird, wie der irre „Verwandlungskünstler" Oliver von der Bühne aus auf sein zweites
Ich schießt, das seine Rolle als Liebhaber spielt:

DIREKTOR *erregt*
> Donnerkiel – das ist doch Oliver, der in der Loge ist –
> hinter der Dame. Jetzt steht doch ein Oliver auf der
> Bühne – und noch ein Oliver im Zuschauerraum. Das
> sind doch zwei zum Verwechseln ähnliche Charaktere!
> Ob der Regisseur das auch bemerkt hat?
> Was bedeutet das – ohne Musik?

OLIVER *hüstelt heiser, bevor er Worte formt. Dann stößt er hervor*
> Ich bin – entlarvt!

DIREKTOR
> Spricht er??

OLIVERS TOCHTER
> Zum Publikum!

OLIVER
> Vor großer Versammlung – – vor tausend jählings ent-
> hüllten Augen – – in dröhnender Stille fällt meine
> Maske!! Ich lüfte das Geheimnis meiner Kunst und biete
> es jeder Neugierde dar. Hört und lernt von Oliver, der
> sich verwandeln wollte – – und immer blieb, wer er war:
> Oliver!!

DIREKTOR *beruhigt*
> Er publiziert seinen Trick.

OLIVER
> Dies ist das gefährlichste Unterfangen, mit dem sich einer
> bemüht: zweimal sich selbst zu spielen.
> *Sich auf die Brust schlagend*
> Oliver hier –

3   Franzen 2. A.

Nach der Loge zeigend

– Oliver da!! Entdeckt den Unterschied – ich stehe oben
wie unten: wer spricht meine Worte?!

Hörst du, Olivia, was ich dir sage?

DIREKTOR

Was wird denn das? Er attackiert die wildfremde Dame
in der Loge!

OLIVER

Antworte mir mit einem Zeichen, das mir verständlich
ist. Sind wir nicht allein? Schrumpfte der blitzende Salon
nicht zur kleinen Loge, die uns eng vereinigt?

Entfernst du dich und läßt mich mit dem blutenden Hirn
in der Loge? Verschwindest du nun, wohin ich dir nicht
folgen darf? Bleibe ich allein in der Loge – und starre
aus kranken Augen nach der Bühne, wo ein Hanswurst
mich weinen macht?

Olivia – – ich bin gekommen, um mich zu töten – –
heute – – hier – – oben auf der Bühne – – weil Oliver,
der nicht Olivias Freund ist, nicht leben kann – – – – –
jetzt bin ich zu dir in die Loge gesprungen – – über
Lampen der Rampe hinweg – – ich bin bei dir – – ich
sterbe bei deinen Füßen – – ich – – Oliver – Olivias
Freund!!!

*Er hat den Revolver aus der Tasche gerissen – zielt und schießt
Olivias Freund in den Rücken. Tiefe Stille.*

CHEFARZT

Bei seiner Verhaftung schweigt Oliver hartnäckig. Er
stellt sich tot.

Die Akten schließend

Soweit die polizeilichen Ermittlungen –

Mit Lächeln aufblickend

– wie sie mit geradezu beispielhafter Deduktion die falsche Wirklichkeit für die echte Wirklichkeit einsetzen.
Es hat nämlich keineswegs dieser Oliver mit dem Motiv
der Eifersucht den Schuß abgegeben – vielmehr die Hand-

lung eines Selbstmordes liegt vollkommen plausibel vor bei Oliver, der sich erschoß, um eine Kette privater fürchterlicher Verwicklungen mit einem Gewaltstreich zu zerreißen. Durchaus konsequent vernichtete er die Maske, die ihm nichts mehr nützen konnte, wobei er im Schwindel höchster Verwirrung sich mit seinem Gegenüber verwechselte und in dem andern sich selbst umbrachte. – Aber auch diese nachträglichen Deutungen seiner Tat interessieren nicht nachhaltig. Das wesentliche Moment ist: dieser Mensch hält sich für tot – während er lebt! –

Das fühlbar Unwirkliche und Schattenhafte dieses Vorgangs wird durch die blendende Dialektik, mit der Kaiser eine Scheinhandlung hervorzaubert, nicht aufgewogen. Die Ratio kreist gleichsam um sich selbst. Dem Werk Georg Kaisers fehlt eine ganze Dimension; es dringt nicht wirklich in die Sphäre vor, von der aus das dramatische Geschehen als legitimes Abbild des menschlichen Daseins seinen Sinn erhält. Man kann daran zweifeln, ob uns diese Sphäre, in der das Absolute wohnt, noch zugänglich ist. Am deutlichsten läßt sich die Problematik, die hier gemeint ist und die auch in der Fragwürdigkeit des sprachlichen Symbols wiederkehrt, am dramatischen Werk Ernst Barlachs darstellen.

Die Bühnenstücke Barlachs, gewichtig, freilich auch belastet durch ihren unentfalteten Kern, liegen im Schatten eines tiefen, künstlerisch nicht auflösbaren Widerspruchs. Die Schwäche ihres dramatischen Ausdrucks wird durch das Wort vom „sprachlich verhinderten Genie", dessen bildnerische Visionen jeder szenischen Verkörperung widerstrebten, nur oberflächlich bezeichnet. Was Barlachs Bildwerke und dichterische Schöpfungen gemein haben, ist das Empfinden der Unendlichkeit der seelischen Existenz. Darauf beruht die rein innerliche Typisierung der dramatischen Gestalten, die nur selig oder unselig, aber keine Charaktere sind. Sie erscheinen wie der alte Sedemund in „Die echten Sedemunds" als „Kofferträger ihrer selbst"; der „strahlende Voss" ist nur ein Spottgedanke über sich selbst, und im „Armen Vetter" heißt es: „Siebenmarks ganzes Leben ist nur ein schneller Frostschauer seines ewigen". Überall ist die Intensität der inneren Spannung durchaus spürbar, aber da es Barlach nicht gelingt, ein sinnfälliges Abbild für sie zu schaffen, kommt es zu keiner künstlerisch reinen Gestaltung. Welten, nicht Menschen, stehen sich gegenüber und bleiben wie Planeten, die ihre einsame Bahn durchlaufen, um Sternenweiten voneinander entfernt.

In diesem Sinne mag es zutreffen, daß Barlach ein „verhinderter Dichter" sei. Indessen bleibt die Frage offen, welches widersetzliche Element sich dem Ausdruck durch Handlung und Sprache entzieht, indem es in seiner kunstfeindlichen Unsinnlichkeit verharrt. Daß es sich dabei um weit mehr handelt als um einen „Mangel an Begabung", geht aus den Spätwerken – vor allem aus der „Sündflut" – überzeugend hervor. Da in ihnen die Handlung legendenartig vereinfacht wird, wirkt der mystische Symbolismus nicht mehr wie ein Fremdkörper im Ablauf des alltäglichen Geschehens. Er weist jetzt unmittelbar auf den Beziehungspunkt hin, von dem aus das Gegenspiel der Figuren gesehen ist. Die Ich- und Weltspaltung ist in der „Sündflut" zu einer Gestalt verdichtet; das Auseinandergerissene, Halbe und Unversöhnliche konnte folgerichtig nur in Gott geeint werden. Wer von beiden die stärkere Hand hat, Gott oder Mensch – darum dreht es sich hier. Man spürt die tragischen Möglichkeiten, die in diesem Gegenüber stecken. Die Gestalten sind hinter ihren verschiedenen Ich-Formen endlich auf ihren absoluten Gegenspieler gestoßen. Doch so konsequent die Eingebung erscheint, Gott selbst auf die Bühne zu stellen, so gewiß ist diese Folge nur religiös, nicht ästhetisch richtig. Gott ist keine dramatische Figur, auch nicht, wenn er selbst den Zwiespalt im Herzen trägt. Er

hat entweder absolut recht – aber damit ist keine dramatische Illusion zu füllen; oder er ist nichts als ein romantisch
verklärter Mensch, dem Irrtum unterworfen wie alle anderen. Warum also diese störende Versinnlichung? Die
Antwort lautet: um sie aufzuheben. Die Gottesgestalt in
der „Sündflut" ist nur die verkörperte Form eines Köhler-
glaubens. Wer sich zu ihm bekennt, begreift nicht, daß
„Gott keine Gestalt hat und keine Worte machen kann,
sondern nur Glut ist". Da aber der Gott ohne Worte und
ohne Gestalt auf keine Weise dargestellt werden kann, so
taugt er auch nicht zum dramatischen Antagonisten.

Die Paradoxie der Mystik umschließt ein Spannungsfeld,
das jenseits des Seh-Horizonts der Schaubühne liegt. Ihre
„Mathematik" läßt sich nicht in die Dimensionen des theatralischen Bereichs übersetzen. Noch auf eine andere und
entscheidende Weise steht das mystische Erleben zu der
Kunst des Dramas in Gegensatz. Essentiell undramatisch
werden Barlachs Dichtungen erst dadurch, daß sie ein ge-
heimes, nicht mitteilbares Wissen um den einen Punkt behaupten, wo alle Widersprüche sich lösen – mag dieser Punkt
nun in Gott oder im Nichts liegen. Das echte Drama aber
ist nur möglich als die Tragödie oder Komödie des Nicht-
Wissens, des unaufhebbaren Widerspruchs, der unerhellten
Existenz, in die weder der Geist von Hamlets Vater noch
die Götter der Griechen Licht bringen können. Die Grenze,
die in der reinen Mystik überschritten wird, ist die Grenze
der menschlichen Vernunft.

Die griechischen Dramatiker waren sich dieser Grenze
bewußt. Im sophokleischen „Oedipus" vor allem werden gerade die Schranken der ratio zur Kernfrage, um welche die
Handlung kreist. Oedipus ist der Mann, der sich nur auf
das verläßt, was er mit dem Verstand erkennen kann, und
dadurch wird der blinde Seher Teiresias, der mit den Schick-
salsmächten vertraut ist, sein eigentlicher Gegenspieler. Die
klugen Griechen betrachteten die „Vernunftvergottung"

als sträflichen Hochmut. Sie maßten sich nicht an, den Plan der Welt zu kennen; ja, ein fester Plan existierte überhaupt nicht, er mußte im Streit der verschiedenen Gottheiten gegeneinander erst erkämpft werden – und nur, sofern die Götter von bestimmter individueller Stärke waren und der Ausgang der Kämpfe danach geweissagt oder vorausgeahnt werden konnte, tat sich die Möglichkeit eines geordneten Daseins auf. Für die Griechen enthüllte sich der „Sinn" des Ganzen erst durch den Ausgang ihrer Aktionen. Indem das Drama nach den Worten des Aristoteles die Aktion nachahmte, vermittelte es diesen Sinn. Das gab dem griechischen Theater seine überragende Bedeutung und machte es zu einem Abbild des wirklichen Lebens. Dem Spiel und Gegenspiel im Theater zuzuschauen, war ein ritueller Akt, an dem das ganze Volk teilnahm. Man salbte und reinigte sich, um einer Aufführung beizuwohnen. Dieser Ritus hat seine magische Kraft bis ins Mittelalter beibehalten. „Es gab einmal eine Zeit", sagt Copeau, der Begründer des modernen französischen Volkstheaters und Freund Vilars, „es gab einmal eine Zeit, in der noch größere Menschenmassen als die antike Menge auf schlechten Straßen daherzogen, vielleicht unwissende Massen, aber wie die Griechen vom Glauben beseelt und der Feierlichkeit ihres Zuges bewußt, um stundenlang und manchmal Tage hindurch stehend und im Innersten aufgewühlt einem Schauspiel beizuwohnen, bei dem als Darsteller Priester und Laien, Soldaten und Rechtsgelehrte, Künstler, Handwerker und Händler mitwirkten."

Offenbar ist das Problem des Dramas nicht vom Problem der Gesellschaft zu trennen, in der es entsteht und der es dient. Wenn der Zuschauer von heute sich darüber beklagt, daß er sich in den absurden Gestalten, die ihm die modernen Dramatiker vorführen, nicht wiedererkennen könne, so sollte er bedenken, daß die Nachahmung einer realen Handlung im Drama erst dann sinnvoll statt grotesk wirken kann, wenn das nachgeahmte Leben selbst sinnvoll ist. „Die Welt muß auf der Bühne als veränderlich hingestellt werden", meinte Bert Brecht. Solange sie sich aber nicht ändert, hat der Stückeschreiber nur seine Zeit als Gegenspieler. Die Zeit – das sind die Menschen, die im Zuschauerraum sitzen.

DIALOG UND MIMUS

Wenn man unter der dramatischen Handlung eine zielgerichtete Aktion im Sinne des Aristoteles versteht, so sind
die meisten Theaterstücke der neueren Autoren überhaupt
keine Dramen. Dem Spiel, das auf der Bühne gezeigt wird,
fehlt der Charakter der Notwendigkeit. Die Vorgänge sind
nicht mehr, wie noch bei Ibsen, durch eine rational be-
stimmbare Kausalität miteinander verknüpft; sie entwickeln
sich nicht nach dem Plan eines logisch denkenden Schöp-
fers oder der Weltvernunft. Es wäre zu billig, den Grund
dafür in einem Nachlassen der dichterischen Einbildungskraft zu suchen. Einem Poeten wie Samuel Beckett, dem
Erfinder der beiden Vagabundengestalten in „Warten auf
Godot", fehlt es gewiß nicht an Originalität und Phantasie.
Wie mancher andere moderne Stückeschreiber verzichtet
er bewußt auf die Illusion eines in sich geschlossenen Hand-
lungsablaufs, weil er nicht mehr an einen sinnträchtigen
Kosmos glaubt, dessen Bestand und Gesetz die dramatische·
Aktion wiederspiegeln könnte.

Hier tritt der Unterschied zum antiken Drama klar hervor. Die Zuschauer im griechischen Theater waren mit dem
Stoff der Tragödien ebenso vertraut wie die Dichter. Was
sie sahen, waren immer neue Auslegungen und Variationen
eines allen bekannten symbolischen Geschehens, das von
der Gewißheit des Mythos getragen wurde. Das Schicksal
der einzelnen Figuren bestätigte die objektive Wahrheit
dieses Geschehens. Daher bildete die Ordnung, nach der
die Handlung sich entwickelte, zugleich das Fundament der
gesellschaftlichen Ordnung. Insofern hatte die Tragödie eine

weit über das Theater hinausreichende Bedeutung. Sie stellte in einer chaotisch zerrissenen und ständig von Dämonen bedrohten Welt das Gleichgewicht wieder her. Das vor allem ist der Sinn der Katharsis, der läuternden Wirkung, die Aristoteles der Tragödie zuschrieb.

Das Medium, in dem Idee und Realität zur Versöhnung gebracht wurden, war die Sprache. Das Wort, der ‚logos‘ des Heraklit, zwang das Unbestimmte, Orgiastische und Zerfließende in ein festes Gefüge: es setzte dem Grenzenlosen eine Grenze. An die Stelle des ursprünglichen Bocksgesangs trat der Dialog. Ganz folgerichtig meinte daher der griechische Philosoph, daß die „Läuterung“ auch durch das Lesen der Stücke erzielt werden könne. Die Handlung wurde als ein geistiger Vorgang verstanden, der nicht notwendig an die theatralische Verkörperung, wohl aber an den sprachlichen Ausdruck gebunden blieb.

In dieser Intellektualisierung liegt der Keim zu einer dramatischen Form, die sich nicht mehr auf einen elementaren Spieltrieb gründet. Es entsteht das Gedankendrama. Der Dialog trennt sich vom Mimus, Wort und Geste treten auseinander. Das Mimische dient nur noch dazu, den geistigen Vorgang zu akzentuieren; es hat eine ergänzende, keine selbständige Funktion. Am Ende dieser Entwicklung, die bei Aristoteles beginnt, steht das rhetorische Schauspiel der französischen Klassik und das deutsche idealistische Bildungstheater. Aber schon Lessing hat mit seinem untrüglichen Instinkt für die universelle Aufgabe der Bühne dem Mimus seine ursprüngliche Kraft und Bedeutung zurückzugeben versucht. Seiner Übersetzung der „Briefe über den Tanz“ von Noverre liegt die Idee zugrunde, daß sich durch die rhythmische Bewegung sehr wohl eine zusammenhängende Handlung ausdrücken lasse, deren Gefüge ebenso sinnvoll sei wie das Schema eines logisch aufgebauten Dialogs. Von dieser Möglichkeit machen viele moderne Dichter, die gelernt haben, dem Wort zu mißtrauen, bewußt

Gebrauch; als erster von ihnen ist Alfred Jarry zu nennen, dessen Forderung, „den Körper zur Rolle zu machen", bedeutende Reformer des Theaters wie Antonin Artaud und Gordon Craig angeregt hat. Fast zweihundert Jahre nach Lessing wendet Craig sich gegen das literarisierte, nur auf den Dialog gegründete Theater und unterstreicht die Bedeutung des Tanzes und der Bewegung. Mimik und Wort, meint er, verhalten sich zueinander wie der Geist zum Körper; man kann sie nicht künstlich trennen.

Die Geste ist eine legitime Sprache, in die alles hineingeht, was mit Worten nicht anschaulich wiedergegeben werden kann. Besonderes Gewicht gewinnt sie vor allem in den Szenenanweisungen Samuel Becketts zu „Warten auf Godot". Eine davon lautet:

„Man sieht die beiden Vagabunden Wladimir und Estragon. Estragon ißt eine Rübe. Er hält den Rest der Rübe Wladimir hin. Plötzlich Stimme: Ein lauter Schrei! Ganz in der Nähe. Estragon läßt die gelbe Rübe fallen. Sie rennen auf die Kulisse zu. Estragon bleibt auf halbem Wege stehen. Geht wieder zurück, hebt die gelbe Rübe auf und stopft sie in seine Tasche. Dann läuft er auf Wladimir zu, der ihn erwartet. Hält wieder an, geht zurück, hebt seine Schuhe auf und läuft dann zu Wladimir. Sie wenden sich eng umschlungen mit eingezogenen Köpfen von der drohenden Gefahr ab und warten. Pozzo und Lucky treten auf. Pozzo führt Lucky am Strick vor sich her. Der Strick ist um Luckys Hals geschlungen. Man sieht zuerst Lucky und den Strick. Der Strick muß so lang sein, daß Lucky bis auf die Mitte der Bühne gehen kann, ehe Pozzo aus den Kulissen tritt. Lucky trägt einen schweren Handkoffer, einen Vorratskorb und auf dem Arm einen Mantel. Pozzo hat eine Peitsche. Pozzo noch hinter den Kulissen: ‚Schneller!' Peitschenknallen. Pozzo erscheint. Sie überqueren die Bühne, Lucky geht an Wladimir und Estragon vorbei und verläßt die Bühne. Pozzo bleibt stehen, nachdem er Wladimir und Estragon erblickt hat. Geräusch eines Sturzes. Lucky stürzt mit seiner ganzen Last zu Boden. Wladimir und Estragon schauen ihn an und sind unschlüssig, ob sie ihm zu Hilfe eilen oder ob sie sich aus Angelegenheiten, die sie nichts angehen, heraushalten sollen."

Von der Polarität zwischen Wort und Mimus aus lassen sich die Experimente der modernen Dramatiker besser verstehen, als durch einen Vergleich mit dem konventionellen oder dem rein dialektischen Theater. In einer Zeit wie der unseren, in der die Sprache zum Klischee oder zur abstrakten Formel erstarrt ist, enthüllt die Geste, was das Wort verdeckt. Der Rhythmus der Gebärden stellt nach einem Ausspruch von Barrault die unterbewußte Bedeutung einer Handlung wieder her, die scheinbar nur im Austausch alltäglicher Worte besteht. Was damit gemeint ist, zeigt die folgende Szene aus Georg Kaisers „Von Morgens bis Mitternacht":

Kleinbankkassenraum. Im Schalter Kassierer und am Pult Gehilfe, schreibend. Im Rohrsofa sitzt der fette Herr, prustet. Jemand geht rechts hinaus. Am Schalter Laufjunge sieht ihm nach

KASSIERER *klopft auf die Schalterplatte*

LAUFJUNGE *legt rasch seinen Zettel auf die wartende Hand*

KASSIERER *schreibt, holt Geld unter dem Schalter hervor, zählt sich auf die Hand – dann auf das Zahlbrett*

LAUFJUNGE *rückt mit dem Zahlbrett auf die Seite und schüttet das Geld in einen Leinenbeutel*

HERR *steht auf*

Dann sind wir Dicken an der Reihe.

Er holt einen prallen Lederbeutel aus dem Mantelinnern. Dame kommt. Kostbarer Pelz, Geknister von Seide

HERR *stutzt*

DAME *klinkt mit einigem Bemühen die Barriere auf, lächelt unwillkürlich den Herrn an*

Endlich.

HERR *verzieht den Mund*

KASSIERER *klopft ungeduldig*

DAME *fragende Geste gegen den Herrn*

HERR *zurückstehend*
   Wir Dicken immer zuletzt.

DAME *verneigt sich leicht, tritt an den Schalter*

KASSIERER *klopft*

DAME *öffnet ihre Handtasche, entnimmt ein Kuvert und legt es auf die Hand des Kassierers*
   Ich bitte dreitausend.

KASSIERER *dreht und wendet das Kuvert, schiebt es zurück*

DAME *begreift*
   Pardon.
   Sie zieht den Brief aus dem Umschlag und reicht ihn hin

KASSIERER *wie vorher*

DAME *entfaltet noch das Papier*
   Dreitausend bitte.

KASSIERER *überfliegt das Papier und legt es dem Gehilfen hin*

GEHILFE *steht auf und geht aus der Tür mit dem Schild: Direktor*

HERR *sich wieder im Rohrsofa niederlassend*
   Bei mir dauert es länger. Bei uns Dicken dauert es immer etwas länger.

KASSIERER *beschäftigt sich mit Geldzählen*

DAME
   Ich bitte: in Scheinen.

KASSIERER *verharrt gebückt*

DIREKTOR *mit dem Papier links heraus*
   Wer ist —
   er verstummt der Dame gegenüber

GEHILFE *schreibt wieder an seinem Pult*

HERR
   Morgen, Direktor.

DIREKTOR *flüchtig dahin*
   Geht's gut?

HERR *sich auf den Bauch klopfend*
   Es kugelt sich, Direktor.

DIREKTOR *lacht kurz. Zur Dame*

Sie wollen bei uns abheben?

DAME

Dreitausend.

DIREKTOR

Ja drei – dreitausend würde ich mit Vergnügen auszahlen –

DAME

Ist der Brief nicht in Ordnung?

DIREKTOR

Wir haben den Avis mit Ihrer Unterschrift nicht bekommen.

HERR *hustet; blinzelt den Direktor an*

DAME *rasch*

Ich wohne im Elefant.

HERR *im Sofa prustet*

DIREKTOR

Ihre Adresse erfahre ich mit Vergnügen, gnädige Frau. Im Elefant verkehre ich am Stammtisch.

DAME

Kann der Besitzer mich nicht legitimieren?

DIREKTOR

Kennt Sie der Wirt schon näher?

HERR *im Sofa amüsiert sich köstlich*

DAME

Ich habe mein Gepäck im Hotel.

DIREKTOR

Soll ich Koffer und Köfferchen auf seinen Inhalt untersuchen?

DAME

Ich bin in der fatalsten Situation.

DIREKTOR

Dann reichen wir uns die Hände: Sie sind nicht in der Lage – ich bin nicht in der Lage. Das ist die Lage.

Er gibt ihr das Papier zurück

Hier ist die Handlung vom Dialog deutlich getrennt. Das Ganze spielt sich gleichsam auf zwei Ebenen ab, die parallel zueinander verlaufen. Der Sinn der Vorgänge ergibt sich erst, wenn der leere Raum, den die Worte lassen, durch das bezeichnende Gebärdenspiel ausgefüllt wird. Bei Georg Kaiser sind die zwei Aspekte noch koordiniert; zusammengenommen ergeben sie das Bild einer einheitlichen Aktion. Doch die Aufspaltung zwischen sprachlichem und mimischem Ausdruck läßt auch die Möglichkeit offen, beide Formen nicht nebeneinander, sondern gegeneinander zu verwenden und dadurch eine Spannung zu erzeugen, die dem alten Drama völlig fremd war. Der mimische Gestus bringt dann ein untergründiges Handlungsmotiv zum Vorschein, das mit dem Inhalt des gesprochenen Worts nicht korrespondiert. Gebärde und Sprache bezichtigen sich gleichsam gegenseitig der Unwahrheit. Die Wirkung ist grotesk. Friedrich Dürrenmatt versteht es vortrefflich, sich dieses Mittels zu bedienen, zum Beispiel in dem nachstehenden Zwiegespräch aus der „Ehe des Herrn Mississippi":

ANASTASIA

Mein Herr?

MISSISSIPPI

Mein Name ist Mississippi. Florestan Mississippi.

ANASTASIA

Wie Sie mir geschrieben haben, müssen Sie mich dringend sprechen?

MISSISSIPPI

Ja, dringend. Ich bin leider nicht in der Lage, beruflich eine andere Zeit zu wählen, als die nach Tisch.

ANASTASIA

Sie waren ein Freund meines Mannes?

MISSISSIPPI *verneigt sich*

Sein unerwarteter Tod geht mir nahe.

ANASTASIA *etwas verlegen*

Er starb an einem Herzschlag.

MISSISSIPPI *verneigt sich aufs neue*

Ich drücke Ihnen meine tiefe Teilnahme aus.

ANASTASIA

Darf ich Sie zu einer Tasse Kaffee einladen?

MISSISSIPPI

Sie sind sehr gütig.

Sie setzen sich. Anastasia schenkt ein. Die folgende Szene am Kaffeetisch ist sehr exakt zu inszenieren, mit genauen Bewegungen des Kaffeetrinkens: so führen beide etwa gleichzeitig die Tasse zum Munde oder rühren gleichzeitig mit dem Löffelchen usw.

MISSISSIPPI

... Unsere Familie hat seit Jahr und Tag den gleichen Hausarzt wie die Ihre, den alten Doktor Bonsels. Von ihm vernahm ich den bedauernswerten Tod Ihres Gatten. Doktor Bonsels stellte bei meiner Gattin ebenfalls Herzschlag als Todesursache fest.

ANASTASIA

Auch ich möchte Sie bitten, mein herzliches Beileid entgegenzunehmen.

MISSISSIPPI

Um mein Anliegen zu verstehen, ist es vor allem notwendig, daß Sie sich über meine Person im klaren sind, gnädige Frau. Ich bin der Staatsanwalt.

Anastasia läßt in panischem Schreck die Kaffeetasse fallen

ANASTASIA

Verzeihen Sie die ungeschickte Unterbrechung.

MISSISSIPPI *verneigt sich*

O bitte. Ich bin es gewohnt, Furcht und Zittern zu verbreiten.

Anastasia läutet mit einer kleinen silbernen Glocke. Das Dienstmädchen kommt von rechts, trocknet auf und gibt Anastasia ein anderes Gedeck, geht wieder hinaus.

Dürrenmatt selbst kommentiert die Technik, die er in dieser Szene anwendet, mit folgenden Worten: „Wenn ich zwei Menschen zeige, die zusammen Kaffee trinken und über das Wetter, über die Politik oder über die Mode reden – sie können dies noch so geistreich tun –, so ist dies noch keine dramatische Situation und noch kein dramatischer Dialog. Es muß etwas hinzukommen, das ihre Rede besonders dramatisch, doppelbödig macht. Wenn der Zuschauer etwa weiß, daß ... in den Kaffeetassen Gift vorhanden ist, so daß ein Gespräch zweier Giftmischer herauskommt, wird durch diesen Kunstgriff das Kaffeetrinken zu einer dramatischen Situation ..., auf deren Boden sich die Möglichkeit des dramatischen Dialogs ergibt. Die Handlung", fährt Dürrenmatt fort, „ist dazu da, den Menschen zu einer besonderen Rede zu zwingen."

Den äußersten Gegensatz zu dieser „Doppelbödigkeit", die Dürrenmatt, aber auch Ionesco und Audiberti verlangen, bilden wohl die ganz auf Sprachdialektik abgestellten Stücke Bernard Shaws. In Shaws rational funktionierender Welt ist alles so klar, daß die Menschen sich gar nicht im Ausdruck vergreifen könnten, wenn sie nicht so dumm wären. Die Dummheit erscheint als das in jeder Beziehung erregende Moment und zugleich als das versöhnende; denn wenn weiter nichts vorliegt als Klarheit und Dummheit, so muß doch die Klarheit endlich siegen. Man möchte fragen: ist das nicht klar? Oder ist es dumm? Vielleicht handelt es sich nur um eine listige Mimikry der Dummheit: sie verwandelt sich wie Rübezahl am Galgen in einen Strohwisch und steht selbst als Ratsherr davor und staunt mit allen anderen über die unverschämte Gaunerei. Hier, könnte man denken, liege ein echter Komödienstoff, der gerade aus dem Wahrheitsanspruch des rationalen Dialogs seine legitime Wirkung beziehe. Doch bei Shaw ist der Glaube an die Intaktheit der Sprache noch erhalten. Es herrscht eine deutliche Weisheit bei ihm,

die alle Lügen und Ungewißheiten des Daseins zu durch-
leuchten vermag. Er greift die „gar nicht doppelbödige"
Realität des Lebens auf und bemüht sich ehrlich, sie blank
genug darzustellen. Freilich, die Feuer der Wahrheit sind
in großen Schwaden verborgen, und während der Kamin-
feger des Jahrhunderts den Ruß wegkratzt, blaken sie von
unten ruhig weiter. Shaw hält die Augen offen im beißenden
Rauch, seine Bürste fährt auf und ab, aber auch der Ruß
wirbelt geschwind und setzt sich immer wieder dahin, wo's
gerade sauber scheint. So passiert es denn, daß Shaw keineswegs alles, was auszudrücken wäre, in den dramatischen
Dialog hineinpressen kann. Obgleich doch kein Mißverständnis möglich sein sollte, sieht er sich gezwungen, seine
Dramen mit bücherlangen Erklärungen, Rechtfertigungen
und szenischen Anordnungen einzuschießen und in ebenso
langen Epilogen eine Art Gewehrreinigung vorzunehmen:
denn mit der Rede allein hatte er, wie sich am Ende heraus-
stellt, immer noch nicht ins Schwarze getroffen.

Die Unmöglichkeit, mit einer entmythologisierten Sprache alle Kräfte zu erfassen, die unser Dasein bestimmen,
wird von den neueren Autoren klar erkannt. Sie hat auf
der einen Seite zu einer völligen Entwertung des sprachlichen Ausdrucks, auf der anderen zu einem Übergewicht
der reinen Gebärde über den Dialog geführt. Bei Ionesco
sind die Worte und die Personen, die sie sprechen, aus-
tauschbar geworden; bei Wolfgang Hildesheimer tritt die
Mimik oft an die Stelle der Sprache. Eine Szene aus „Die
kahle Sängerin" von Ionesco möge das anschaulich machen.
Ein Ehepaar unterhält sich. Der Mann sagt, während er die
Zeitung liest:

Mr. Smith

Schau, da steht, daß Bobby Watson gestorben ist.

Mrs. Smith

Mein Gott, der Arme! Wann ist er denn gestorben?

MR. SMITH

Warum bist du so erstaunt? Du wußtest doch, daß er seit zwei Jahren tot ist. Erinnerst du dich nicht? Wir waren an seiner Beerdigung vor anderthalb Jahren.

MRS. SMITH

Natürlich entsinne ich mich. Es kam mir sofort wieder in den Sinn, aber ich begriff nicht, warum du so erstaunt warst, daß es in der Zeitung steht.

MR. SMITH

Das steht ja gar nicht in der Zeitung. Schon vor drei Jahren hat man von seinem Tod gesprochen. Es kam mir wieder in den Sinn ... weil es mir wieder in den Sinn kam!

MRS. SMITH

Schade! Er war so gut erhalten.

MR. SMITH

Er war der schönste Leichnam von Großbritannien! Er schien gar nicht so alt. Der arme Bobby! Er war schon vier Jahre tot und immer noch warm. Ein wahrer lebender Leichnam. Und wie war er doch froh!

MRS. SMITH

Die arme Bobby!

MR. SMITH

Du willst doch sagen: d e r arme Bobby.

MRS. SMITH

Nein, ich denke an seine Frau. Sie hieß Bobby wie er: Bobby Watson. Weil sie denselben Namen trugen, konnte man sie nicht unterscheiden, wenn man sie zusammen sah. Erst nach seinem Tode hat man wirklich gewußt, wer wer war. Und noch heute gibt es Leute, die sie mit dem Toten verwechseln und ihr kondolieren. Kennst du sie?

MR. SMITH

Ich habe sie erst einmal gesehen – rein zufällig – bei Bobby's Begräbnis. – Zum Glück hatten sie keine Kinder.

MRS. SMITH

Das hätte ihnen noch gefehlt! Was hätte die arme Frau jetzt damit angefangen?

MR. SMITH

Sie ist noch jung. Sie kann sich sehr gut wiederverheiraten. Schwarz steht ihr doch so gut!

MRS. SMITH

Aber wer wird für die Kinder sorgen? Du weißt, sie haben einen Jungen und ein Töchterchen. Wie heißen sie nur?

MR. SMITH

Bobby und Bobby, wie ihre Eltern. Bobby Watsons Onkel, der alte Bobby Watson, ist reich und liebt den Jungen. Er könnte sich sehr gut um Bobbys Erziehung kümmern.

MRS. SMITH

Das wäre nur natürlich! Und Bobby Watsons Tante, die alte Bobby Watson, könnte sich ihrerseits auch sehr gut um die Erziehung der Bobby Watson, der Tochter der Bobby Watson, bemühen. So könnte Bobby, Bobby Watsons Mama, sich wieder verheiraten. Hat sie jemanden im Auge?

MR. SMITH

Ja, einen Neffen der Bobby Watson.

MRS. SMITH

Den Bobby Watson?

MR. SMITH

Von welchem Bobby Watson sprichst du?

MRS. SMITH

Von Bobby Watson, dem Sohn des alten Bobby Watson, dem zweiten Onkel des Bobby Watson, der tot ist.

MR. SMITH

Nein, nicht der, ein anderer. Es ist Bobby Watson, der Sohn der alten Bobby Watson, der Tante des Bobby Watson, der tot ist.

MRS. SMITH

Du meinst Bobby Watson, den Handelsreisenden?

MR. SMITH

   Alle Bobby Watsons sind Handelsreisende.

MRS. SMITH

   Was für ein harter Beruf! Man macht aber gute Geschäfte dabei.

MR. SMITH

   Ja, wenn man keine Konkurrenz hat.

MRS. SMITH

   Und wann hat man keine Konkurrenz?

MR. SMITH

   Am Dienstag, Donnerstag und Dienstag.

MRS. SMITH

   Ach! An drei Tagen in der Woche? Und was tut Bobby Watson in dieser Zeit?

MR. SMITH

   Er schläft und ruht sich aus.

MRS. SMITH

   Warum arbeitet er nicht an diesen drei Tagen, wenn er doch keine Konkurrenz hat?

MR. SMITH

   Ich kann nicht alles wissen. Ich kann nicht auf alle deine idiotischen Fragen eine Antwort geben.

Die Figuren ertrinken gleichsam in dem Schwall abgenutzter Phrasen. Sie sind von so vielen Konventionen umstellt, daß sie mit dem Verlust einer eigenen Sprache zugleich ihre Persönlichkeit verloren haben. Jede von ihnen ist nichts als ein „Bobby Watson". In dieser Sphäre der Anonymität kann sich natürlich keine Handlung entwickeln. Hildesheimer versucht, diesem Mangel zu begegnen, indem er – ähnlich wie Genêt – die Figuren auf eine Staffage stellt, von der aus sie wechselnde Bilder darbieten. Hinter solchen Versuchen steckt das Bemühen, die allzu starke Bewußtheit und Starrheit des alltäglichen Daseins im technischen Zeitalter zu kompensieren.

Damit wird aber dem Zuschauer vielleicht zuviel zuge-
mutet. Denn nicht nur der Dichter, auch der Zuschauer
hat zu kämpfen. Er steht mitten im Wirrwarr sich kreuzen-
der oder weit auseinanderlaufender Ideen, die fortgesetzt
ihre Richtung ändern. Er hat sich zurechtzufinden wie in
einem Kramladen, wo unter einer Fülle von wertlosem
Zeug, das mit neuer Appretur hergerichtet ist, hie und da
ein gutes und unverbrauchtes Stück verborgen liegt. Die
Aufgabe ist wesentlich schwieriger als eine Doktorarbeit
über Tells Apfelschuß oder über den Schlaftrunk der Shake-
speareschen Julia. Seit den Klassikern haben nämlich die
Symbole gewechselt, ja sie wechseln noch in jedem Augenblick. Vielleicht sind die Ideen, die von verschiedenen
Menschengenerationen ausgedrückt werden, fast immer die
gleichen, aber sie brauchen immer neue Verkörperungen.
Ein Apfelschuß, eine Geschicklichkeitsleistung mit Pfeil und
Bogen, an deren Gefahr wir nicht mehr glauben, sagt uns
gar nichts mehr; mit den Ritterschwertern der Shake-
speareschen Königsdramen verhält es sich ähnlich – was
sollen die Dichter aber tun? Sollen sie ein Autorennen auf
die Bühne bringen? Gewiß, nur muß es sich von allen
Autorennen der Welt dadurch unterscheiden, daß es einen
bestimmten geistigen Tatbestand ausdrückt, einen sinnvollen Zusammenhang mit anderen ebenso neuen Symbolen. Denn es gibt keine Dichtung, die nur aus Vorder-
gründen besteht. Ihr ganzer Wert liegt in der indirekten
Mitteilung. Die Sinnbilder allerdings, deren sie sich bedient, sind dem vordergründigen Leben entnommen – und
sie verblassen heute schneller als je zuvor.

Übrigens liegt die Schwierigkeit auch umgekehrt. Es ist
zwar bekannt, daß Modernitäten um jeden Preis gar nichts
ausdrücken, weder die Gegenwart noch die Zukunft, aber
viele glauben, mit den neuen Symbolen hätten sich auch
die Ideen geändert, die eingeboren Konflikte und die allgemeine Lage der Menschen. Ein Theaterkritiker, der nicht

zu den klügsten gehört, sagte einmal nach einer Aufführung von Romeo und Julia: „Das ist ja alles nicht mehr wahr. Wenn Romeo am Dönhoffplatz gewohnt hätte und Julia am Spittelmarkt, so hätten sie sich schlimmstenfalls telephonisch verständigen können. Dann wäre alles in Ordnung gewesen." Es wäre so wenig in Ordnung gewesen, wie die Welt selbst je in Ordnung ist. Die tödliche Einsamkeit des Gefühls in einer Welt voll feindseliger Interessen hat sich seit Shakespeare nicht geändert, nur ist es offensichtlich viel schwerer geworden, sie auszudrücken. Das Telephon oder die technische Verständigung gibt höchstens einen ironischen Kontrast.

Das führt zu einer anderen Erschwerung. Der Zuschauer ist geneigt, jede sogenannte Ironisierung des technischen Zeitalters, in dem er lebt, auf sich, auf seine alltägliche Existenz zu beziehen und als persönlichen Angriff zu empfinden. Anders ausgedrückt: es wird von ihm verlangt, daß er die zufälligen – wirtschaftlichen, sozialen oder erotischen – Spannungen seines Daseins einer oft sehr unbequemen, ja kaum zu ertragenden geistigen Spannung unterordne. Die Wirklichkeit, wie der Dichter sie sieht und verwendet, ist ja nicht das gleiche, was der Zuschauer als Wirklichkeit sieht und verwendet. Dennoch hat sie die gleiche Form und Erscheinung. Niemand wird in einem klassischen Ritterschwert etwas anderes als ein Symbol sehen, aber die Sinnbilder der lebenden Dichter, die Fabrikschlote, Autos oder Stahlhelme haben ja noch einen praktischen Zweck, den manche Leute sich nicht gerne verunglimpfen lassen. Der Dichter betrachtet als Inventar der Zeit, was sie als ihren persönlichen Besitz betrachten. Übrigens brauchen wir nicht bei den äußeren Dingen stehenzubleiben. Die Lage ist noch viel schlimmer, wenn es sich um das Bildungsgut des einzelnen, der Klasse oder der ganzen Nation handelt. Hier steht sehr oft der innere Halt der eigenen Person für den Zuschauer in Frage – ein geliehener Halt selbstverständlich, der sich auf irgend etwas Fremdes, von der Zeit Erprobtes verläßt: auf die Klassik oder Romantik, auf Marx oder den Turnvater Jahn, auf Bismarck oder Lassalle. Der Dichter sagt: Die Zeit, das sind wir! und stößt die Gipsfiguren um. Er hat erkannt, daß man den Halt nur in sich selbst erzeugen kann. Die wenigsten fragen, wie er das fertigbringt; sie sehen nur die Zerstörung, nicht das Ziel. Es sind schlechte Zuschauer und Zeitgenossen.

Man wird sagen, der Maßstab für die Kraft und den Wert des Neuen sei unsicher. Woran solle man die Wahrheit erkennen? Es herrsche ein heilloses Durcheinander von ästhetischen, ethisch-aktivistischen und rein tendenziösen Forderungen und Richtungen, denen der einzelne nicht mehr gewachsen sei. Es ist richtig, daß der einzelne allein nicht mehr viel weiß. Er kann nicht mehr sagen, meine Empfindung des Wahren, Guten und Schönen ist die einzig mögliche. Über diesen idealistischen Trugschluß sind wir hinaus – mit dem Erfolg, daß die Dichter es viel schwerer haben, zu überzeugen, als früher. Sie müssen nämlich, wenn sie echt sein wollen, gerade diese Problematik einer nicht mehr durch allgemeine Ideen gebundenen Gesellschaft spiegeln und haben dadurch jeden einzelnen mit seinen privaten Empfindungen des Wahren, Guten und Schönen zum Gegner.

Es wird nichts übrig bleiben, als daß der Zuschauer sich ebenfalls seiner höchst persönlichen Gefühle und Interessen zunächst einmal entäußert. Um das Stück Welt zu erkennen, dem er angehört und das ihn überdauert, muß er die – im ganzen gesehen doch zufälligen – Bindungen seines eigenen, ziemlich kurzlebigen Ichs aufgeben. Er muß sich bemühen, Ziele zu finden, die nicht nur für seine private Existenz Gültigkeit haben. Wichtiger als subjektive Empfindungen ist der Kampf um die Wirklichkeit, die ja nicht einfach da ist, sondern von den Dichtern stets neu geschaffen werden muß.

SCHEIN UND SEIN

Die Grenzen, die man zwischen dem „realistischen" und dem „symbolistischen" oder „idealistischen" Drama zu ziehen pflegt, sind unscharf. Um sie näher zu bestimmen, benutzt man als Maßstab gewöhnlich das Verhältnis des auf der Bühne Dargestellten zur „Wirklichkeit". Doch diese Wirklichkeit hat viele Dimensionen. Es gibt, wie Brecht einmal bemerkt hat, für den Künstler keine „nackten Tatsachen". Wenn der Naturalismus meinte, durch die einfache Summierung von Vorgängen, die sich in unserem Wahrnehmungsfeld abspielen, den Eindruck eines realen Geschehens erwecken zu können, so erwies er sich gerade dadurch als illusionistisch. Er übersah, daß die „Wahrheit" einer dramatischen Handlung nicht auf ihrer mehr oder weniger großen Annäherung an eine vorausgesetzte Wirklichkeit, sondern einzig und allein auf ihrem Gleichnischarakter beruht. Das Gleichnis bringt die ungeordneten und wechselvollen Ereignisse, aus denen das Dasein besteht, in einen Bewußtseinszusammenhang; es vereinigt das Auseinanderliegende wie im Brennpunkt eines gebogenen Glases. Nur so ist es möglich, ein Abbild dessen zu geben, was wir die „Wirklichkeit" nennen, aber es bleibt ein Bild, das sich wie die Biegung und Richtung des Glases verändern läßt – je nachdem, wie sich unsere Auffassung der Realität, der wirkenden Kräfte und damit der Lage des Menschen ändert. Von Realismus sollte man nur dann sprechen, wenn das, was im Drama gezeigt wird, sich mit dieser Lage, gespiegelt im durchdringendsten Bewußtsein, in Einklang befindet. Ein entscheidender Faktor dabei ist, ob das ganze

Potential der Kräfte als intelligibel und faßbar oder als chaotisch und irrational empfunden wird. Bei den großen Dichtern, vor allem bei Shakespeare, finden sich beide Perspektiven, bei den schwächeren tendiert alles auf einen Pol hin, und es kommt entweder zu einer schematischen Rationalisierung des „objektiven" Geschehens (wie im sozialistischen Realismus Lukácsscher Prägung) oder zu einer Hingabe an den reinen Subjektivismus. In beiden Fällen wird eine ganze Dimension der menschlichen Erfahrung ausgelassen.

Das im Drama gestaltete Gleichnis hat seine eigene Realität, die anderen Gesetzen folgt als der Ablauf des alltäglichen Daseins. Hier liegt die Gefahr, daß der Zuschauer Schein und Sein verwechselt und vom Dichter verlangt, daß er die ganze Fülle der sinnlich erlebten Welt auf die Bühne bringe. Diese Gefahr ist in unserer materialistisch gerichteten Zeit besonders groß. Man kann sie auf einen allgemeinen Nenner bringen und von einer Kluft zwischen Bühne und Publikum sprechen, wie hier schon gesagt worden ist, oder man kann noch weiter gehen und den Konflikt zwischen Kunst und Leben als das eigentliche Problem betrachten, mit dem jeder Dichter für das Theater zu kämpfen hat, ohne es je lösen zu können. Am radikalsten hat sich Luigi Pirandello mit dieser Frage auseinandergesetzt, indem er sie selbst zum Gegenstand seiner Denkspiele machte und in immer neuen Formen abwandelte. Seine Entwicklung ist trotz der gleichbleibenden Thematik so bezeichnend, daß es sich lohnt, ihre Grundlinie an Hand einiger Stücke aufzuzeigen.

Pirandello geht von einem unaufhebbaren Gegensatz zwischen Leben und Form aus. Der ewig fließende, ewig sich erneuernde Lebensprozeß läßt sich so wenig erfassen wie das Meer; dennoch sucht das menschliche Bewußtsein ihn in eine starre Form zu bannen und festzuhalten. Die Gestalten, die wir dem Leben geben, sind nichts als künstliche Konstruktionen, deren Zerbrechlichkeit sich bei jedem vulkanischen Ausbruch aus der Tiefe des Daseins erweist. In seinen ersten Dramen ist es Pirandello nicht gelungen, einen zureichenden Ausdruck für diese weitgespannte Problematik zu finden. Das Symbol der Ehe, das er in „Denk daran, Giacomino!" als Beispiel für den trügerischen Versuch einer Fixierung des Lebensprozesses verwendet, ist zu eng an die private Sphäre gebunden. Es läßt die Deutung zu, daß es sich um einen Einzelfall und nicht um einen immanenten Widerspruch handelt, der mit der Existenz selbst gegeben ist. Doch schon in den frühen Dramen wird deutlich, welche Rolle Pirandello der Kunst zuschreibt. Sie gibt dem Einsichtigen die Möglichkeit, die Hinfälligkeit des Gerüsts zu erkennen, mit dem wir die schwankende Gedankenbrücke über dem Abgrund des Chaos zu stützen suchen. Sie reflektiert zwar das Sein, indem sie es zur Form kristallisiert, aber sie weist auch auf das Mißverständnis hin, diesen Schein für die Wirklichkeit zu halten. Sie zerstört das Gehäuse, das sie selbst errichtet. Die Empfindung der Unvereinbarkeit von Form und Leben hat zugleich etwas Komisches und etwas Schmerzliches. Komisch wirkt das Mißverhältnis zwischen den formgewordenen Illusionen, auf deren dauernden Bestand wir uns verlassen, und der zerstörenden Gewalt der auf uns einwirkenden Kräfte; schmerzlich der Verlust jedes Vertrauens in die Konstruktionen unseres Gehirns. Aus dem Nebeneinander der beiden Gefühle entwickelt Pirandello seinen Begriff des Humors. „Ich sehe gleichsam ein Labyrinth", sagt er in seinem Vorwort zu „Erma bifronte", „in dem unsere Seele sich auf den verschiedensten, entgegengesetztesten, verschlungensten Wegen im Kreise dreht, ohne je einen Ausgang zu finden. Und ich sehe in diesem Labyrinth die Säule einer Herme, die mit ihrem einen Antlitz lacht und mit dem anderen weint, ja mit dem einen Antlitz über das Weinen des anderen lacht". So erklärt es sich, daß Pirandello – in merkwürdiger Übereinstimmung mit Büchner und dem deutschen „Sturm und Drang", aber lange vor Ionesco – die Bezeichnungen „Komödie" und „Tragödie" geradezu willkürlich anwendet; offenbar findet er keinen wesentlichen Unterschied zwischen den beiden Gattungen. Dagegen gebraucht er den Begriff „Drama" an keiner Stelle, als ob er zu verstehen geben möchte, daß die auf der Bühne dargestellte Handlung eben keine Handlung sei, sondern eine Täuschung.

In seiner späteren Entwicklung geht Pirandello dieser Täuschung des Theaterspiels nach. Mit einer genialen dialektischen Wendung macht er aus ihr ein Grundprinzip, das Kunst und Leben gemeinsam haben. Nicht nur der Schauspieler, auch der wirkliche Mensch trägt eine Maske. Die Maske ist das sinnfälligste Symbol der festgefrorenen Formen, in die wir das Leben zu zwängen suchen. Sie repräsentiert die lügenhaften Konventionen, die uns wie eine undurchdringliche Schale umgeben, und die mechanischen Gewohnheiten, die wir angenommen haben, um das nackte Elend des Daseins zu verdecken. Die Tragik – oder der tragische Humor – unserer Situation liegt darin, daß wir ohne die schützende Maske nicht existieren und mit ihr uns nie selbst ins Gesicht sehen können. Der Schauspieler gibt also nur wieder, wie wir selbst uns verhalten, aber indem er absichtlich maskiert erscheint, deutet er zugleich das stumme, verschleierte Leben an, dessen gefährliche Natur die Maske wohltätig verbirgt. Wer aus der Maske heraus will, muß scheitern, weil er dem Unerträglichen begegnet; die völlige Demaskierung ist der Tod. Das wahre „Drama" ereignet sich also nicht auf der Bühne, oder doch nur in dem Sinn, daß der Zuschauer die gleiche Täuschung erfährt, der er in seinem wirklichen Leben verfällt. Das Spiel, in das jeder hineingezwungen wird, bleibt jedem unverständlich – sodaß, wenn er sich im Spiegel betrachtet, ein Wahnsinniger ihn angrinst. Doch auch diese Erkenntnis ist keine

Rettung, denn selbst der Wahnsinn des Lebens läßt sich weder begreifen noch ausdrücken. Er kann nur, wie Pirandello in „Heinrich IV." zeigt, „auf immer getragen werden". Das aber wird nicht durch das Schicksal irgend einer Bühnenfigur, sondern nur durch die Unmöglichkeit bewußt, im Theater das wahre Drama, das sich mit uns abspielt, zu zeigen.

Diese Unmöglichkeit ist das Thema des Stücks, das Pirandello weltberühmt gemacht, der Tragikomödie „Sechs Personen suchen einen Autor". Die sechs anonymen Figuren — sie werden nur als „Vater", „Mutter", „Tochter" und so weiter bezeichnet — brechen in die Generalprobe einer Schauspieltruppe ein und fordern, daß man statt der erdichteten Handlung ihr Leben spielen solle. Die Kunst versagt gegenüber dieser Aufgabe. Der folgende Ausschnitt aus der ersten Szene des Stücks zeigt die virtuose Technik, mit der Pirandello ein so abstraktes Thema anschaulich zu machen versteht:

VATER
Um die Wahrheit zu sagen, wir suchen einen Autor.
DIE SCHAUSPIELER *sich langsam von ihrem Erstaunen erholend, sprechen leise durcheinander*
Wer sind denn die? Was wollen die denn?
DIREKTOR *zu den Schauspielern*
Pssst!
Zu den sechs Personen
Einen Autor? Was für einen Autor?
VATER
Einen x-beliebigen Autor, Herr Direktor.
DIREKTOR
Hier ist aber kein Autor zugegen, wir probieren ein gespieltes Stück, keine Novität.
STIEFTOCHTER *mit lustiger Lebhaftigkeit*
Um so besser, um so besser, mein Herr! So können w i r Ihre Novität werden!

VIERTER SCHAUSPIELER *während die anderen lachen und Bemerkungen machen*

Ach! Da hört mal!

VATER *zur Stieftochter*

Ja, aber wenn kein Autor da ist?

Zu dem Direktor

Das heißt, wollen S i e vielleicht ...?

DIREKTOR

Ja, belieben die Herrschaften zu scherzen?

VATER

Nein, um Gottes willen nicht! Wir bringen Ihnen ein Drama, mein Herr!

STIEFTOCHTER

Wir können vielleicht Ihr Glück machen! Volle Häuser! Erfolg!

DIREKTOR

Ach, tun Sie mir den Gefallen – und gehen Sie jetzt.

ERSTER SCHAUSPIELER

Wir haben keine Zeit mit Narren zu verlieren!

VATER

Ach, Sie wissen doch wohl, das Leben strotzt von Ungereimtheiten, denn das, was wahr ist, braucht nicht wahr zu scheinen.

ZWEITE SCHAUSPIELERIN

Was meint er eigentlich?

VATER

Ich meine, meine Dame, daß man es tatsächlich eine Narretei nennen kann, etwas Wahrscheinliches zu tun, damit es als wahrscheinlich wirke –

Zum ersten Schauspieler

Und erlauben Sie mir noch die Bemerkung: wenn es überhaupt einen Irrsinn gibt, ist es der, Ihrem Beruf anzugehören.

Die Schauspieler sind empört, aufgebracht

DIREKTOR *steht auf und mißt ihn mit einem verachtenden Blick*

So? So? Unser Beruf scheint Ihnen ein Beruf für Narren
zu sein?

VATER

Nun, Herr Direktor, vorzuspiegeln, was nicht ist, ohne
daß man dazu gezwungen wird, nur so aus Freude
am Spielen. Ist es nicht Ihr Beruf, unwirklichen Per-
sönlichkeiten auf der Bühne wirkliches Leben zu verleihen?

DIREKTOR *Schnell, die wachsende Empörung der Schauspieler
übertönend*

Ich bitte Sie aber, zu glauben, werter Herr, der Beruf
des Schauspielers ist ein edler Beruf!

DRITTE SCHAUSPIELERIN

Wenn uns auch die modernen Herren Dramatiker lauter Quatsch zum Aufführen geben.

ZWEITER SCHAUSPIELER

Hampelmänner statt Menschen.

FÜNFTER SCHAUSPIELER

Als ich jung war, haben wir auf diesen Brettern den
Klassikern zum Leben verholfen, ist das gar nichts?

VATER

Ja, ausgezeichnet, es ist Ihr Beruf, unwirklichen Wesen
auf der Bühne wirkliches Leben zu verleihen, wirklicher
als alle, die atmen und essen! Wir sind uns völlig
einig.

Die Schauspieler schauen einander verblüfft an

DIREKTOR

Das ist ja alles ganz gut und schön, aber was wollen Sie
eigentlich damit sagen?

VATER

Nichts, Herr Direktor! Nur Ihnen klarmachen, daß man
in den verschiedensten Formen und Gestalten auf der
Welt sein kann: als Baum oder Stein, als Wasser oder
Schmetterling oder – als Weib. Und warum also nicht
auch als Rolle?

DIREKTOR *ironisch, mit geheucheltem Erstaunen*

Ah, Sie und Ihre Herrschaften dort sind also als Rollen geboren?·

VATER

Das sind wir. Aber wir sind lebendig, wie Sie sehen, Herr Direktor.

Der Direktor, die Schauspieler bersten vor Lachen, wie bei einem guten Witz

VATER *verletzt*

Ich verstehe nicht, wie Sie sich dabei so amüsieren können. Denn – ich muß es wiederholen – wir sind Träger eines Dramas, wie die Herrschaften schon aus der Trauerkleidung dieser Dame schließen dürften.

DIREKTOR *am Ende seiner Geduld und fast empört*

Jetzt hab' ich aber genug! Geht jetzt! Macht, daß ihr rauskommt!

ERSTER SCHAUSPIELER *zum Inspizienten*

Zum Donnerwetter, sorgen Sie dafür, daß die Leute rauskommen.

INSPIZIENT *gehorcht*

Also bitte – los, los!

Versucht sie hinauszudrängen

VATER *Widerstand leistend*

Aber nein, aber nein. Bitte ... wir ...

ERSTER SCHAUSPIELER *schreit*

Schließlich sind wir doch hier, um zu probieren.

DRITTER SCHAUSPIELER

Man kann sich doch nicht zum Narren halten lassen!

VATER *tritt entschlossen vor*

Ich wundere mich über Ihre Ungläubigkeit. Sind denn die Herren nicht gewöhnt, im eigenen Ich Figuren, vom Dichter geschaffen, erstehen zu sehen, eine im Kampf gegen andere? Oder rührt eure Ungläubigkeit daher, daß ihr

Zeigt auf den Souffleurkasten

dort kein Souffleurbuch für unser Drama habt?

STIEFTOCHTER *kommt nach vorn zum Direktor, lächelnd und schmeichlerisch*

Glauben Sie mir, wir sind wirklich sechs Rollen – und, Herr Direktor, was für welche, wenn es uns eigentlich auch nicht gibt.

VATER *schiebt sie beiseite*

Eigentlich nicht gibt! Das ist es!

Zum Direktor, schnell

In dem Sinne, sehen Sie, daß der Autor, der uns zum Leben schuf, uns später nicht körperlich in die Welt der Kunst setzte. Vielleicht wollte er nicht, vielleicht konnte er nicht. Und das war ein schwerer Frevel. Herr Direktor, denn wen das Schicksal als lebende Rolle schuf, der darf auch auf den Tod pfeifen. E r s t i r b t n i c h t m e h r. Der Mensch, also auch der Autor, er wird sterben – s e i n G e s c h ö p f k a n n n i c h t m e h r s t e r b e n!

DIREKTOR

Das ist ja alles ganz richtig – aber, was wollen Sie eigentlich hier?

VATER

Leben wollen wir, Herr Direktor!

DIREKTOR *ironisch*

Ewig?

VATER

Nein, Herr Direktor, wenigstens einen Augenblick und in Ihnen.

EIN SCHAUSPIELER

Ah, da schaut mal her!

ERSTE SCHAUSPIELERIN

In uns wollen Sie leben?

ZWEITER SCHAUSPIELER *zeigt auf die Stieftochter*

Von mir aus gerne, wenn es sich um die da handelt.

VATER

Leben! und – unser Schicksal vollenden – das wollen wir!

VIERTER SCHAUSPIELER

Und gerade jetzt?

VATER

Gerade jetzt!

DRITTER SCHAUSPIELER *belustigt*

Können wohl gar nicht warten?

VATER

Nein, wir können nicht mehr warten, wir wollen nicht mehr warten! Zehn, zwanzig, dreißig Jahre müßten wir sonst warten, bis unser Leben und unser Schicksal sich vollenden würde.

DIREKTOR

Müssen das nicht die meisten Menschen?

VATER

Ja, aber von uns kann das niemand verlangen. Wir weigern uns. Die Natur hat uns mit dramatischen Spannungen unerträglich geladen – wir wissen, daß unser Schicksal unabänderlich ist, und das ist der Grund, weshalb wir hierher gekommen: um im Ablauf von zwei Stunden unser Schicksal in Ihnen zu Ende zu führen.

VIERTER SCHAUSPIELER

Ah, da schaut mal her!

ERSTER SCHAUSPIELER

In uns wollen Sie leben?

VATER

Das Stück ist in uns, und wenn es Ihnen und Ihren Schauspielern recht ist, können wir jetzt gleich alles besprechen.

DIREKTOR *mißlaunig*

Aber was wollen Sie denn eigentlich besprechen? Hier wird nichts besprochen. Hier werden Dramen und Komödien gespielt.

VATER

Ausgezeichnet! Gerade darum sind wir ja zu Ihnen gekommen!

DIREKTOR

Und wo ist das Manuskript?

VATER

In uns, Herr Direktor, in uns!

Die Schauspieler lachen

Das Drama ist in uns, wir selber sind es und brennen vor
Ungeduld, es aufzuführen, denn die Leidenschaft in uns
drängt uns dazu.

So sehr die sechs Personen sich auch bemühen, ihr Le-
bensschicksal, das sie als echtes Drama empfinden, auf der
Bühne darzustellen oder, wie eine von ihnen es ausdrückt:
zu vollenden, es will ihnen nicht gelingen. In der Wiederholung der Gesten und Worte, die sie in ihrem Leben unter einem unbezwinglichen Antrieb gemacht haben, erkennen sie sich nicht wieder; sie verwirren sich, verlieren
den Faden und müssen schließlich einsehen, daß die Kunst
das Leben entstellt und verfälscht.

Diese „Demaskierung" des Theaterspiels oder die völlige
Entwertung der künstlerischen Form ist nicht Pirandellos
letztes Wort geblieben. Er hat in den „Riesen vom Berge"
den unerwarteten Ausweg in das Märchen gefunden. Die
Handlung des Stücks spielt, wie es in der Bühnenanweisung
heißt, „irgendwann und irgendwo". Die Realität ist also
in ein Geisterreich verwandelt, in dem, wie in Shakespeares
„Sturm", der Dichter in der Gestalt eines Magiers herrscht.
Der Magier lädt eine herumziehende Schauspieltruppe ein,
in seinem Haus Theater zu spielen. Jedem ist es erlaubt,
eine Maske zu wählen, die seinem Wesen entspricht. Nur
in einer – wenn man will: romantischen – Entfernung von
der Wirklichkeit, die uns eine fremde und quälende Maske
aufnötigt, ist es möglich, sich von dem Zwang zur Ver-
stellung zu befreien. Die einzige Bedingung dieser glücklichen Existenz ist der Verzicht auf alle Ansprüche, in der
Welt etwas anderes zu bedeuten als wir wirklich sind. Die
Worte des Magiers enthalten diese letzte Weisheit des Dichters:

COTRONE

Ich habe auf alles verzichtet: Ansehen, Ehre, Würde, Tugend – lauter Dinge, von denen die Tiere in ihrer glücklichen Unschuld durch Gottes Güte nichts wissen. Und wenn die Seele frei ist von diesen lästigen Bürden, bleibt sie rein wie der Äther voller Sonne und Wolken, den Blitzen und dem Winde preisgegeben: ein geheimnisvolles Element, das Wunder hervorbringt, das uns aufrichtet und in märchenhafte Fernen schweifen läßt. Wenn wir die Erde anschauen: welche Traurigkeit! Vielleicht ist dort unten irgendeiner, der sich einbildet, unser Leben zu leben. Aber das ist nicht wahr. Keiner von uns ist in dem Körper, in dem der Andere uns sieht, sondern in der Seele, die aus unbekannten Fernen spricht, niemand weiß, woher: eine Erscheinung unter Erscheinungen ... Wir wollen Phantome darstellen. Alle, die uns in den Sinn kommen ... Mit dem göttlichen Vorrecht der Kinder, die ihre Spiele ernst nehmen, übertragen wir das Wunderbare, das in uns ist, auf die Dinge, mit denen wir uns vergnügen, und lassen uns davon entzücken. Und dann ist es kein Spiel mehr: es ist eine wunderbare Wirklichkeit, in der wir leben, allem entrückt, bis zum Exzeß des Wahnsinns.

Die Auswirkungen der Kunst Pirandellos auf das moderne Drama, ganz besonders seine Abkehr vom naiven Realismus, sind ebenso groß wie die Strindbergs. Er hat den Weg für die bitteren Grotesken Becketts und Ionescos, aber auch für die poetischen Stücke Lorcas und Genêts geöffnet. Alle diese Autoren haben mit ihm gemeinsam, daß sie in ihren Werken dem engen Schema des herrschenden rationalistischen Denkens ein Reich der dichterischen Imagination entgegensetzen. In einer Welt, in der sich Mechanisierung und Standardisierung durchgesetzt haben, sind sie die Bewahrer einer echten Freiheit. Sie suchen nach einer Chance, die menschliche Existenz vor der Vergewaltigung durch ein Robotersystem zu schützen. Natürlich hat es auch früher in manchen Epochen des Theaters ein »poetisches« und, in anderen Zeiten, ein »Gedankendrama« gegeben; doch scheinen beide Arten sich heute von den in der Gesellschaft verfolgten Leitbildern und Daseinsformen viel weiter zu entfernen als je zuvor. Durch ihren betonten Gegensatz zu dem zweckrationalen Denksystem des technischen Zeitalters erhält die Kunst unserer Tage, auch die Kunst des Dramas, den Anschein des Unrealen, des bloß Erträumten oder Erdachten. Das gilt nicht nur für Pirandellos dialektische Mystik, die um das Problem der Maske kreist; es gilt ebenso für alle künstlerischen Versuche seit dem frühen Expressionismus. Alfred Jarrys »Ubu« und Apollinaires »Les mamelles de Teirésias« sind charakteristische Beispiele, deren Entstehung noch etwas weiter zurückliegt. Die Abkehr ihrer Dichter von der Konformität zwischen Sein und Schein, die das naturalistische Theater proklamierte, bedeutete eine Absage an die Form der Bühnen-Illusion, gegen die auch Pirandellos »Sechs Personen« gerichtet ist.

In Apollinaires Stück werden zum ersten Mal die neuen Techniken verwendet, die für das anti-realistische Theater bezeichnend sind: unbeseelte Objekte beginnen zu sprechen, Figuren reden durch ein Megaphon zum Publikum, die Umrisse der Gestalten werden aufgelöst, die steifen Bewegungen des Körpers durch einen Tanzrhythmus aufgelockert. Im Vorwort zu »Les mamelles de Teirésias« verkündet Apollinaire sein Programm eines surrealistischen Theaters – der Begriff »Surrealismus« stammt von ihm – mit folgenden Worten: »Wir versuchen hiermit einen neuen Geist in das Theater zu bringen, einen Geist der Freude, des Genusses, der Kraft, um jenem Pessimismus den Garaus zu machen, der nun schon über hundert Jahre alt ist – was für so etwas Langweiliges ein hohes Alter bedeutet. Das Stück ist für unsere antiquierte Bühne geschrieben – denn wir durften kein neues Theater bauen – ein Theater mit zwei Bühnen, eine in der Mitte, die andere wie ein Ring um die Zuschauer gelegen, um alle Mittel der modernen Kunst verwenden zu können und aus Tönen, Gesten, Farben, Ausrufen, Geräuschen, Musik, Tanz, Akrobaten-Kunststücken, Poesie, Malerei, Chören, Handlungen und vielerlei Dekorationen ein Ganzes herzustellen – oft ohne sichtbare Verbindung zwischen den einzelnen Teilen." Das ist das Grundrezept der modernen Dramaturgie.

Auf einer ähnlichen Linie bewegt sich Jean Cocteau. Ausrufer und Verwandlungskünstler zugleich, begibt sich Cocteau in seinem besten Schauspiel, „Orphée", in der Maske des Orpheus in die Unterwelt und bringt von dort den Schatten seiner im „realen" Leben ein wenig zänkischen und koketten, aber durch die Entmaterialisierung geläuterten Euridice zurück. Gezeigt werden bei dieser Aktion inmitten bengalisch beleuchteter Attrappen der Seelenbegleiter Hermes als glaskittender Erzengel, ein künstlicher Poet und sein dichtendes Pferd, die elektrisch betriebene Todesgöttin und der redende Kopf des toten Cocteau. Nicht nur Euridices Schatten, auch die Gegenstände verschwinden, wenn man sie ansieht. Die Welt wird unter dem Blick des Poeten eine große Lüge und entsteht erst auf der Bühne wieder – als unwirkliche Einheit. „Die Gegenstände lügen", verkündet ein Ausrufer dem Publikum in liebenswürdigem Ton, aber wenn das Theater hell wird, ist er natürlich mit seinem Wissen um die Wahrheit der Poesie verschwunden, und die Zuschauer finden sich wieder mit den Gegenständen allein, die der Magier Cocteau sie für einen Augenblick hatte vergessen machen.

Cocteau ist ein viel geschickterer Techniker des Theaters als Apollinaire es war; er versteht es ausgezeichnet, die verschiedensten Elemente zu mischen, damit aus griechischem Mythos und französischem Katholizismus, aus Strindberg und Romantik, aus André Gide, Chaplin und Picasso

sich das luftige Gebilde des „Orphée" ergebe. Der Unterschied zu Apollinaire ist einmal sehr treffend auf die Formel gebracht worden, Apollinaires Ziel sei die Poesie im
Theater, das Cocteaus die Poesie des Theaters. Für beide
aber – wie auch für Pirandello – bleibt die gesellschaftliche
Wirklichkeit ein Negativum, etwas, das konkret weder in
Erscheinung tritt noch wovon ausgegangen wird. Wie Pirandellos Schwäche seine Neigung zum dunkel Philosophischen
ist, das seinen Dramen eine allzu weite Perspektive gibt, so
liegt die Grenze bei Apollinaire und Cocteau in ihrem
Ästhetizismus.

Inzwischen hat sich die Situation so verschärft, daß es
kaum mehr möglich ist, die Haltung des Künstlers gegenüber der Gesellschaft durch Schöngeisterei oder reines Ge-
dankenspiel zu verstecken. In der Lage, in der sich ein
Dramatiker heute befindet, kann er es nicht vermeiden, in
seinen Werken den Protest gegen das technische Denk-
modell und die dadurch verursachte Verarmung des Lebens
auszudrücken. Es geht nicht mehr an, in den Traum aus-
zuweichen, den der alte Strindberg als letzte Zuflucht vor
den gleichmachenden Kräften des Tagesbewußtseins ansah.
Die modernen Dramatiker stehen vor dem Problem, wie
sie die Wirklichkeit verwandeln können, ohne sie ganz aufzugeben. Einige von ihnen, vor allem Ionesco, halten es
für unlösbar, aber anderen scheint es zu gelingen, in der
Atmosphäre des Theaters eine Art versetzter Wirklichkeit
zu schaffen, in der gleichsam nur die Wertakzente sich
verschoben haben. Kühne und gelungene Versuche dieser
Art sind Jean Genêts Schauspiele „Der Balkon" und „Die
Neger". Genêt sucht die Welt in Sinnbildern zu begreifen,
deren Gleichniskraft kaum dadurch geschmälert wird, daß
sie zugleich eine höchst persönliche Bedeutung für diesen
merkwürdigen Dichter haben. Er hat mit außerordentlich
drastischen Erzählungen begonnen, die seinen kriminellen
Lebensweg und seine anormale Veranlagung schildern. In

den später geschriebenen Theaterstücken ist es ihm gelungen, eine Distanz zu sich selbst zu finden. Das Abwegige wird gleichsam aus der privaten Sphäre losgelöst und als Mittel benutzt, um die Doppelbödigkeit der sogenannten Realität und die Zweideutigkeit des konventionellen Lebensstils aufzuzeigen. Genêt selbst bezeichnet seine Romane nur als eine vorbereitende Arbeit und fährt fort: „Wenn ich auch gezwungen bin, das lächerlich zu machen, was ich als feindlich empfinde, so glaube ich doch, daß ich dadurch den geringen Grad von Wirklichkeit darstelle, der in den Gebilden ist, die ich zerstören will. Das Theater hat seine Bedingungen. Indem es zugleich den Gesetzen und dem Publikum Trotz bietet, bringt es den Autor in eine unbequeme Situation. Schließlich ist es doch so: im Roman kann man sich ganz gehen lassen, aber das Theaterstück muß nach meiner Meinung wie ein Gedicht ganz in der Sache aufgehen, so daß dann der Autor ganz unwichtig wird." (Aus einem Gespräch mit dem Verfasser)

In „Der Balkon" stellt Genêt die Welt als ein großes Bordell dar. Die Männer, die dieses Haus besuchen, lieben es, sich als Würdenträger der Gesellschaft zu verkleiden. Die Besitzerin des Etablissements hält alle möglichen Kostüme für ihre Kunden bereit. Sie können sich etwa in den Ornat eines Bischofs, eines hohen Richters oder eines Polizeipräsidenten werfen, und in diesen Rollen den willigen Gehorsam der käuflichen Mädchen auskosten. Die Grundidee der Handlung erinnert an dramatische Einfälle Pirandellos. Als eine Revolution ausbricht und das Volk nach einer neuen Obrigkeit verlangt, werden die Herren in ihrer Maskerade aus dem Bordell herausgeholt und in die Ämter eingesetzt, die ihrer Verkleidung entsprechen. Ob sie wollen oder nicht – sie müssen die einmal angenommene Rolle jetzt bis zu Ende spielen. Natürlich ängstigen sie sich vor der Verwandlung, und der Konflikt zwischen ihrer wirklichen und ihrer angemaßten Person führt zu tragikomischen Effekten wie bei dem italienischen Dichter. Charakteristisch ist die Szene, in welcher der angebliche Bischof zum Sprung vom bloßen Schein in das Sein gezwungen wird:

CARMEN

Spaß beiseite, bitte. Und vor allem: keine Anstellerei – auch keine delikate. Niemand kennt das reizvolle Schauspiel, in dem Sie die Hauptfigur sind, besser, als ich ... Nein, nein, widersprechen Sie nicht. Ich spiele eine andere Rolle ... aber Sie wissen nicht, was für eine. Kommen wir zur Sache zurück. Sehr hohe, allerhöchste Instanzen haben beschlossen, Sie in Ihrer Rolle endgültig zu bestätigen.

BISCHOF

Sie sind verrückt!

CARMEN

Fast. Aber jedenfalls werden Sie jetzt Ihren Ornat anlegen. Sie schlüpfen in die Haut, in die Seele, in den Geist des Bischofs hinein und übernehmen alle Folgen. Ich verlange Vollkommenheit. Und solange, wie es mir gefällt ...

BISCHOF

Ich muß es ablehnen, diese Rolle öffentlich zu spielen. Wie? Meine Schande ausschreien? Mich selbst an den Pranger stellen?

CARMEN

Da außer Ihnen niemand weiß ...

BISCHOF

Es genügt, daß ich es weiß und den Betrug erkenne ...

CARMEN

Was für einen Betrug? Worin unterscheidet sich ein Bischof hier von einem Bischof draußen?

BISCHOF

Und die Studien? Man muß sie gemacht haben. Die Priesterweihe? Die Ölung? – Ich bin Angestellter des

Gaswerkes. – Übrigens bin ich auch nur mit Rosina glücklich.

Rosina tritt ein

ROSINA

Hier ist sie! Sie haben geläutet?

CARMEN

Ja. Die Uniform Nummer 17. Rasch.

Rosina ab

Sie wird bei Ihrem ersten Auftreten da sein, um Ihnen zu helfen. Und wie können Sie eigentlich noch ein Angestellter des Gaswerkes sein, wenn niemand Sie für einen Angestellten des Gaswerkes hält? Weil Sie es verstehen, Rechnungen auszustellen? Das kann ein Bischof auch. Aber Sie werden keine Rechnungen mehr schreiben. Sie werden anfangen, alles zu vergessen. Und dann: wie wollen Sie versuchen, kein Bischof zu sein, wenn Sie vor der ganzen Welt als Bischof dastehen? Ich habe nämlich nicht gesagt, daß Sie irgend jemand sein sollen. Sie sind der Bischof, das ist es . . . . .

Ihre Rolle ist einfach.

Rosina zurückrufend

Rosina! Das Kostüm des Bischofs, Nummer 17!

Zum Bischof

Sie erscheinen . . .

BISCHOF

Aber niemals kann ich . . . Man wird mich erkennen . . . Mein Ausschlag . . . Mein Zucken . . . Meine Stimme . . .

CARMEN

Was daraus wird, weiß ich noch nicht. Entweder Zeichen rührender Menschlichkeit oder vielleicht charakteristische Insignien der Bischofswürde?

BISCHOF

Aber, ich werde nicht allein sein?

CARMEN

Einige Herren haben bereits mit Vergnügen zugesagt; natürlich Stammkunden!

BISCHOF

Dann werden sie mich sehen und erkennen?

CARMEN

Sie werden die anderen sehen, Sie werden die anderen erkennen. Sie werden sich gegenseitig wahrnehmen, aber kaum, – und sich in dem großen Geheimnis Ihrer Würde verhüllen.

BISCHOF

Aber ich will nicht.

CARMEN

Schweigen Sie ...

ROSINA *ihm das Jackett abnehmend*

Exzellenz, strecken Sie den Arm aus ... Jetzt ziehen Sie das spitzenbesetzte Chorhemd an.

BISCHOF

Aber das ist entsetzlich. Ich werde frieren ... und hungrig werden.

ROSINA

Vorsicht mit den Spitzen!

Sie zieht ihm das Chorhemd über

Schauen Sie nur, schauen Sie nur ... Sie verändern sich ganz offensichtlich. Der Bischof entfaltet sich, er bläht sich auf, breitet seine Schwingen aus ... er wird sprechen ... er wird erblühen und er wird singen. Singen Sie!

BISCHOF *bestimmt*

Nein!

ROSINA *inständig bittend*

Nur einen Ton, hochwürdiger Herr ...

BISCHOF *weniger bestimmt*

Ich kann nicht mehr singen ...

ROSINA *kokett*

Mit mir? ... Ganz sacht ... mit leiser Stimme ... nur für uns beide ...

BISCHOF *mit halber Stimme, während er die Spitzen berührt*

Kyrie ... eleison ...

ROSINA

Geben Sie mir Ihre Hand ...

Er überläßt ihr seine Hand

Laß dich führen ... Öffne die Hand ... Du wirst nichts mehr zu tun haben ... Du wirst dich in deine Spitzen einhüllen ... Alle deine Gebärden sind ein ... Nimm ...

BISCHOF

Sperrt mich nicht ein, ich bitte euch, Seidenspitzen.... Schmuck ...

ROSINA *zart*

Gut ... sehr gut ... fahren Sie fort ... Ornat ... weiter ... Ornat ...

BISCHOF

Ornat, schöne Verzierungen, ihr bewahrt mich vor dem Leben, der Erde und dem Himmel. Aus euch wachsen meine Gebärden, die euch um so schöner zur Geltung bringen, damit nur ihr bestehen bleibt, allein und souverän. Und dann entsteht aus meinen Gebärden, die euch und eurem Tuch entsprungen sind, entsteht dann mein Gedanke, meine Sprache und endlich meine Botschaft an die Welt. Ich lebe nicht, ich tanze ...

ROSINA *sanft*

Tanzen Sie, Exzellenz, und kommen Sie ...

In der Kontrastierung von Schein und Realität geht Genêt noch über Pirandello hinaus. Er benutzt das Motiv der angenommenen oder aufgezwungenen Rolle, um die Unwirklichkeit und das Hochstaplerische alles sozialen Getues zu entlarven. Selbst die Revolutionäre, die für „echte" Werte zu kämpfen glauben, jagen einer Illusion nach. Sie machen die Kuppelmutter zur neuen Königin und werden, sobald sie ihr Ziel erreicht haben, in der gleichen Verkleidung wie ihre Vorgänger auf dem großen Balkon des Hurenhauses erscheinen und „die Revolution gerinnen lassen". Über alle und alles triumphiert der Trieb, der sich

hinter dem ganzen Maskenspiel verbirgt. Die zur Königin
erhobene Dirne ist es, die jedem seine „Rolle" zuteilt.

In den Stücken Genêts erscheint die Welt selbst als
Theater. Die verschiedenen Sphären der „Wirklichkeit"
und des bloßen Scheins durchdringen sich. In dieser Traum-
Atmosphäre verlieren die Figuren ihre Identität, sie können ihre Rollen beliebig wechseln, wie die beiden Frauen-
gestalten in „Die Zofen", oder ihr Gesicht gegen ein anderes vertauschen, wie die weiß maskierten Neger in dem
gleichnamigen Stück. Die Grenzen zwischen Realität und
Illusion werden aufgehoben; das Leben ist nichts weiter
als ein künstliches Bühnenspiel, in dem die Zuschauer zugleich Akteure sind. Dennoch bleibt nach Genêts eigenen
Worten „eine letzte Wirklichkeit übrig, nämlich das Stück
selbst als Dichtung". Das ist der wesentliche Punkt. Es
kommt nicht auf die Art der verwendeten Symbole und
Techniken an; wichtig ist allein, daß in dem aus ihnen geschaffenen Phantasiegebilde der Schein in Sein verwandelt
wird.

DAS EPISCHE THEATER

Immer wieder ist in den vorhergehenden Abschnitten die Frage aufgetaucht, wie sich der Zuschauer in unseren Tagen zu den Vorführungen auf der Guckkastenbühne verhält. Kann er, der gläubige Anhänger der Wissenschaft, der Zinsknecht der Technik, das Maskenspiel im Theater mit der Wirklichkeit, wie er sie erlebt, in Verbindung bringen? Oder erscheint ihm das kunstvoll arrangierte Szenarium erfundener Vorgänge und Figuren als ein reines Phantasma, das mit dem „realen" Dasein so wenig zu tun hat wie ein Traum mit der Welt der Fakten? Man darf diese problematische Frage, die für das Verhältnis des Stückeschreibers zu seinem Publikum besonders wichtig ist, nicht dadurch umgehen, daß man die dramatische Kunst einfach auf einen elementaren „Spieltrieb" zurückführt und aus dem Bedürfnis des „Widerspruchs gegen das So-Sein der Welt" erklärt. Soviel Richtiges in diesen allgemeinen Thesen liegt, so wenig beleuchten sie die spezielle Lage der Schaubühne im Zeitalter der Wissenschaft. Wenn man den Standort des Dramas und die Rolle der Zuschauer bestimmen will, wird man auf die wechselnden historischen Bedingungen eingehen müssen, von denen beides abhängig ist. Der elementare Spieltrieb erfüllte in den dionysischen Mysterienspielen eine ganz andere Funktion als in den Tragödien Shakespeares, und von Racine bis Ibsen wurde er durch ein starres Handlungsschema gebändigt oder gar rational formalisiert. Solange Autoren und Publikum sich über die Gültigkeit solcher Konventionen einig waren, ergaben Spiel und Gegenspiel zusammengenommen das Bild einer zu Ende ge-

dachten Welt, in der erkennbare Kräfte aufeinander stie-
ßen, und solange man an absolute Maßstäbe glaubte, konnte
der Dichter seinen Widerspruch zu der realen Lage unmittelbar aus ihnen ableiten. Der dargestellte Konflikt und
seine Lösung waren jedem verständlich. Mit dem Zerfall
aller objektiven Prinzipien, nach denen das Sein sich ordnen
ließ, wurde es für den Autor immer schwieriger, eine wirksame Form für seinen „Widerspruch" gegen das Glücks-
modell der Gesellschaft zu finden. Er mußte versuchen, eine
neue Technik zu ersinnen, um den Abstand zwischen Bühne
und Zuschauerraum zu verkleinern und das Publikum in
das Spiel hineinzuziehen.

Daraus erklärt sich die Abkehr der modernen Stückeschreiber von dem distanzierenden Stil des alten, in sich
geschlossenen Dramas. Aus der nach strengen Regeln ge-
bauten Aktion wird ein Nebeneinander einzelner Bilder,
und was nicht in das lose Gefüge hineingeht, wird von den
Figuren oder einem Ansager gleichsam als Ergänzung der
fragmentarischen Handlung erzählt. Ansätze zu solchen
Versuchen, epische und dramatische Formelemente zu mischen, finden sich schon bei den alten Italienern und vor
allem in den Werken Shakespeares und in den gesungenen
Kommentaren seiner Narren – von den Romantikern ganz
zu schweigen. Wie bekannt, hat Lessing diese „offene Form"
gegen den starren Konventionalismus der französischen
Klassiker, die an der dramatischen Einheit festhielten, mit
aller Schärfe verteidigt. Man pflegt in diesem Zusammenhang auch den „Faust" samt Goethes und Schillers Brief-
wechsel über epische und dramatische Dichtung und endlich den Bilderbogenstil Georg Büchners anzuführen. In all
diesen literarhistorischen Beispielen aber liegt das Gewicht
auf der Frage, wieweit die ästhetische Form des Dramas
variiert werden kann, während überall das Verhältnis des
Zuschauers zur besonderen Welt der Bühne als selbstverständlich gegeben und konstant angesehen wird.

Hier stößt man auf den wesentlichen Unterschied zu den Stücken der Modernen. Nirgends stellten sich die früheren Dichter mit ihren Prologen und Anhängseln, mit ihren epischen Berichten und erklärenden Einfügungen außerhalb des ganzen Spiels; die Grenze zwischen der überhöhten Wirklichkeit des Theaters und der Sphäre des gewöhnlichen Daseins wurde nicht überschritten. Von den modernen Technikern des epischen Dramas aber werden die gleichen Mittel benutzt, um das Spiel als bloßes Spiel zu entlarven und die Illusion einer gleichsam vom Leben abgehobenen, eigengesetzlichen Realität zu zerstören. Der Autor macht den Zuschauer zu einem Mitwisser; er informiert ihn über Sinn und Zweck der dargestellten Vorgänge und diskutiert mit ihm über ihre Bedeutung, indem er als Ansager oder in irgendeiner anderen Verkleidung aus dem Spielfeld heraustritt. Natürlich kommt es darauf an, ob das, was der Stückeschreiber für wichtig hält, wirklich Gewicht hat. Da es nicht genügen würde, den realen Ablauf der Dinge einfach zu wiederholen, bleibt die Spannung zwischen dem Leben und seiner künstlerischen Reproduktion oder Verdichtung erhalten. Sogar die rein „dokumentarische" Wiedergabe zeitgeschichtlicher Ereignisse unterliegt einem Auswahlprinzip, das den Einzelfall aus der Fülle des Geschehens heraushebt und ihm einen exemplarischen Charakter verleiht. Die Anhänger der „neuen Sachlichkeit", deren „Zeitstücke" in den 20er Jahren die Bühnen beherrschten, haben das oft verkannt. Sie rechtfertigten ihre Themenwahl mit der Aktualität, nicht mit der allgemeinen, objektiven Bedeutung des Stoffes, und sie übersahen, daß sich diese Bedeutung erst aus dem Weltbild des Autors und aus der gedanklichen Durchdringung der Wirklichkeit ergibt. Das Drama ist nicht, wie Alfred Kerr meinte, „de facto eine Zeitung mit verteilten Rollen"; im Gegenteil, je mehr es sich der neutral registrierenden Form der Reportage nähert, als um so unwirksamer erweist es sich auf der Bühne.

Das epische Theater verzichtet zwar auf die Exklusivität der hohen Tragödie; es kann durch seine lose, durch traditionelle Regeln nicht eingeengte Form einen größeren Lebensraum umfassen als die Werke alter Art, aber wenn es auch das Kleine und Unscheinbare in seinen Anspruch auf Totalität einbezieht, so setzt es doch Akzente. Wie diese Akzente verteilt werden und wie das so Hervorgehobene gerade durch den epischen Stil dem Zuschauer nahe gebracht wird, entscheidet über den Wert eines Stückes und über die dichterische Kraft des Autors. Die episodisch aneinandergefügten Szenen müssen durch eine Idee zusammengehalten werden, die sich aus der Reihenfolge der gewählten Ausschnitte ergibt. Das Publikum hat die Verbindung zwischen den einzelnen Bildern selbst herzustellen. Das ist manchmal schwierig. In Dürrenmatts „Der Besuch der alten Dame" zum Beispiel läßt sich die verschlüsselte Symbolik des Werks hinter dem lockeren, manchmal sogar kabarettistischen Stil des Ganzen kaum erkennen, und der amerikanisierte Platonismus in den Stücken Thornton Wilders wird durch die Banalität des Dialogs und der Vorgänge fast immer verdeckt. Es droht also auf der einen Seite die Gefahr einer revuehaften Aneinanderreihung mehr oder weniger gut erfundener Details (so vor allem bei Zuckmayer), auf der anderen die einer Überfrachtung des losen Gefüges mit gewichtigen Ideen, überwertigen Sinnzusammenhängen und metaphysischen Spekulationen. Wie schwierig es ist, zwischen diesen Klippen hindurchzusteuern, zeigen die oft überschätzten Bühnenexperimente Thornton Wilders. Dafür ein Beispiel aus „Wir sind noch einmal davongekommen":

ANSAGER

Die Direktion beehrt sich, Ihnen die Wochenschau „Neues aus aller Welt" zu bringen.
Freeport, Long Island.

Die Sonne ging heute morgen um 6 Uhr 32 Minuten auf. Dieses erfreuliche Ereignis wurde zuerst von Mrs. Dorothy Stetson aus Freeport, Long Island, beobachtet, die sofort den Bürgermeister anrief.

Die „Gesellschaft zur Bekanntgabe des Weltuntergangs" trat sofort zu einer Sondersitzung zusammen und beschloß, das Eintreten dieses Ereignisses um vierundzwanzig Stunden zu vertagen.

Ehre gebührt Mrs. Stetson für ihr gemeinnütziges Verhalten.

New York City:

Das X. Theater. Wie gewöhnlich wurden bei der täglichen Reinigung des Theaters eine Anzahl verlorengegangener Gegenstände von den Damen Simpson, Pateslewski und Moriarty gefunden.

Unter den heute gefundenen Gegenständen befindet sich auch ein Trauring mit der Inschrift: Für Eva von Adam. Genesis II, 18.

Der Ring wird dem Eigentümer oder den Eigentümern zurückerstattet, sofern sie sich gebührend ausweisen können.

Excelsior, New Jersey:

Das Haus von Mr. George Antrobus, dem Erfinder des Rades. Die Entdeckung des Rades, die der Entdeckung des Hebels auf dem Fuße folgte, hat die Aufmerksamkeit des ganzen Landes auf die Person von Mr. Antrobus gelenkt, der in diesem reizvollen Villenvorort lebt. Sie sehen hier sein Haus, ein geräumiges Sieben-Zimmer-Haus, angenehm gelegen, in erreichbarer Nähe der Volksschule, der Methodistenkirche und der Feuerwehr; nicht weit auch von dem nächsten Konsumgeschäft.

Hier sehen wir die Antrobus' mit ihren beiden Kindern, Henry und Gladys. Im Hintergrund eine Freundin. Die Freundin ist Lily Sabina, das Dienstmädchen.

Ich glaube im Namen aller zu sprechen, wenn ich dieser

typisch amerikanischen Familie zu ihrem Unterneh-
mungsgeist gratuliere. Wir alle wünschen Mr. Antrobus
viel Erfolg für die Zukunft. Die Direktion lädt Sie nunmehr zu einem kurzen Besuch in das Innere des Hauses
ein.

SABINA

Oh, oh, oh! Sechs Uhr, und der Herr ist noch nicht zu
Hause.

Gott gebe, daß ihm nichts zugestoßen ist, als er den
Hudson River überquerte. Wenn ihm etwas zustieße, so
wären wir gewiß untröstlich und müßten in eine weniger
angenehme Wohngegend übersiedeln. Überhaupt weiß
ich nicht, was aus uns werden soll.

Abend für Abend dieselbe Angst, ob der Herr wohl ge-
sund nach Hause kommen, ob er irgend etwas Eßbares
heimbringen wird. Mitten im Leben sind wir mitten im
Tod – ein wahreres Wort ist nie gesprochen worden.

Wir haben nun bereits einige Zeit mit Erfolg überlebt,
so gut es ging, die mageren und die fetten Jahre, und
wenn uns die Dinosaurier nicht zu Tode trampeln und
die Heuschrecken unsern Garten nicht kahlfressen, werden wir alle noch einmal bessere Tage sehen – unberufen,
toy, toy, toy.

Vergessen Sie nicht, daß wir vor ein paar Jahren der
Wirtschaftskrise mit knapper Not entronnen sind. Noch
eine solche Kraftprobe, und was wird aus uns werden?

Dies ist ein Stichwort. Sabina sieht ärgerlich nach der Küchen-
tür und wiederholt

... Wir sind der Wirtschaftskrise mit knapper Not entronnen. Noch eine solche Kraftprobe, und was wird aus
uns werden?

Oh, oh, oh! Sechs Uhr und der Herr ist noch nicht zu
Hause. Gott gebe, daß ihm nichts zustieß, als er den
Hudson River überquerte. Es ist Mitte August und der
kälteste Tag des Jahres. Es friert geradezu; und die

Hände kleben. Noch eine solche Kraftprobe, und was wird aus uns werden?

STIMME HINTER DER BÜHNE

Denken Sie sich etwas aus! Improvisieren Sie!

SABINA

Nun ... äh ... dies ist gewiß ein nettes amerikanisches Heim ... und ... äh ... alle sind sehr glücklich ... und – äh ...

Sie hört plötzlich auf, sich zu verstellen, kommt nach vorn und sagt empört

Ich kann nicht ein Wort zu diesem Stück erfinden, und ich bin froh, daß es so ist. Ich hasse dieses Stück und jedes Wort, das darin gesprochen wird.

Unter uns gesagt: ich verstehe überhaupt kein einziges Wort darin – alle diese Unannehmlichkeiten, die der Menschheit widerfuhren, das ist mehr ein Thema für Sie. Außerdem hat der Autor sich in seiner kindischen Art nicht entscheiden können, ob wir noch in Höhlen wohnen sollen oder im heutigen New Jersey, und so geht es das ganze Stück hindurch. Oh – warum können wir denn nicht Stücke haben wie früher – „Alt Heidelberg", oder „Der Ruf des Herzens", oder die „Fledermaus", gute Unterhaltung, mit einer Moral, die man getrost nach Hause tragen kann? Ich habe diese hassenswerte Rolle nur übernommen, weil ich dazu gezwungen war. Zwei Jahre lang habe ich auf meinem Zimmer gesessen, mich von Butterbrot und einem Glas Tee pro Tag ernährt und darauf gewartet, daß einmal bessere Zeiten fürs Theater kommen würden. Und wie stehe ich jetzt da – ich, die ich einst die „Natürliche Tochter" und die „Kameliendame" gespielt habe. – Gott im Himmel!

ZWEITER AKT

ANSAGER

Die Direktion bringt Ihnen nunmehr die Wochenschau
„Neues aus aller Welt", Atlantic City, New Jersey:
Die große Kongreßstadt beherbergt in dieser Woche die
Jahresversammlung einer großen Bruderschaft, des alt-
ehrwürdigen und erlauchten Ordens der Säugetiere. Un-
terabteilung der Mensch. Diese große, brüderliche Kampf-
und Beerdigungsgesellschaft wird heute, meine Damen
und Herren, auf der Strandpromenade ihre sechshun-
derttausendste Jahresversammlung abhalten. Sie hat so-
eben ihre Präsidenten für das nächste Geschäftsjahr gewählt. –
Mr. George Antrobus aus Excelsior, New Jersey. Sie
sehen hier Präsident Antrobus und seine ebenso reizende
wie charmante Gattin, jeder Zoll ein Säugetier.

Offenbar ist es Wilder darum zu tun, das menschliche
Dasein aus zwei ganz verschiedenen Blickwinkeln zu betrachten. Er möchte mit Hilfe der epischen Technik einen
minutiös festgehaltenen augenblicklichen Zustand in einen
kosmischen Zusammenhang einordnen. Dabei erweist sich
die Milieuschilderung gleichsam als ein blinder Spiegel, in
dem sich das gewünschte große Panorama nicht einmal in
Umrissen reflektieren kann, während das Bild einer ewigen Wiederkehr des Gleichen und der unveränderlichen
Säugetier-Natur des Menschen an Banalität nicht zu über-
treffen ist. Das Nahe und das Ferne stehen sich als statische
Größen ohne innere Verbindung gegenüber, und auch
die Erläuterungen des Ansagers und die Durchbrechung der
Bühnenillusion durch die Schauspielerin können diese Verbindung nicht herstellen.

Eine ähnliche Überdehnung der epischen Form findet sich
in Paul Claudels Szenenfolge „Christoph Columbus". Clau-

dels Absicht ist religiös bestimmt. Columbus ist für ihn der Suchende; er soll am Ende seiner Fahrten den rechten und einzigen Weg finden, der ihn in den Himmel Isabellas der Katholischen führt. Um die Symbolik des zeitlichen Geschehens zu unterstreichen, bedient sich Claudel der modernsten dramatischen Mittel. Die Gestalt des Columbus ist doppelt da: während die eine Verkörperung auf der Bühne agiert, sitzt die andere im Proszenium neben dem Ansager und sieht ihr Leben an sich vorüberziehen. Ein Doppelchor im Orchester unterbricht das Handeln der Bühnenfigur mit Ratschlägen und Tadel, ein Erzähler liest die Chronik vor, die das Publikum über die Taten des Helden unterrichtet, das Orchester betont die wichtigsten Abschnitte durch eine faszinierend moderne Musik – kurz, es entsteht ein Gesamtkunstwerk neuer Art. Obwohl Darstellung und Interpretation bei Claudel viel enger und sinnvoller ineinander verzahnt sind als bei Wilder, herrscht in seinem Stück ein ähnliches Mißverhältnis zwischen Gehalt und Form wie in „Wir sind noch einmal davongekommen". Das innere Abenteuer des Columbus wird durch das kolossale Fresco der episch erweiterten Historie eher verdeckt als enthüllt, und die Artistik der technischen Mittel steht in einem fast ironischen Gegensatz zu der absoluten Strenge des religiösen Themas.

Ihrem Wesen nach eignet sich die Form des epischen Dramas am besten zu einer szenisch aufgelösten Rekonstruktion geschichtlicher Zusammenhänge. Dabei werden nach den Worten Bertolt Brechts, des bedeutendsten Vertreters dieser Richtung, „bestimmte Vorgänge ... als in sich geschlossene Szenen aus dem Bereich des Alltäglichen, Selbstverständlichen, Erwarteten gehoben". Diese Methode, „die den Gegenstand zwar erkennen, ihn aber doch zugleich fremd erscheinen läßt", nennt Brecht die Technik der „Verfremdung des Vertrauten". Die Handlung stellt nur eine Variation des Möglichen dar; sie steht nicht unter dem

Gesetz einer schicksalmäßigen oder metaphysisch bestimmten Notwendigkeit, in die sich der Zuschauer gleichsam
willenlos schickt, sondern sie hat den Charakter eines Mo-
dells oder einer Parabel. Dadurch erhält der Ansager Gelegenheit, seine Version der berichteten Ereignisse den Zuschauern vorzutragen und so eine Verbindung zwischen
Bühne und Publikum zu schaffen, zugleich aber rückt er die
Vorgänge in eine Distanz, die dem Zuschauer ein eigenes
Urteil über den gewählten Ausschnitt aus der Wirklichkeit
ermöglicht. Die Fabel des Stücks, auf deren paradigmati-
schen Charakter Brecht den größten Wert legte, und ihre
Ausdeutung durch den Ansager sind klar voneinander
abgehoben. Sehr anschaulich zeigt das die erste Szene
des auch auf der Bühne aufgeführten Hörspiels „Das Ver-
hör des Lukullus". Ein Ausrufer führt objektiv berich-
tend in die Handlung ein und tritt zurück, sobald sie
beginnt:

DER AUSRUFER
    Hört, der große Lukullus ist gestorben
    Der Feldherr, der den Osten erobert hat.
    Der sieben Könige gestürzt hat.
    Der unsere Stadt Rom mit Reichtümern gefüllt hat.
    Vor seinem Katafalk
    Der von Soldaten getragen wird
    Gehen die angesehensten Männer des gewaltigen Rom
    Mit verhüllten Gesichtern, neben ihm
    Geht sein Philosoph, sein Advokat und sein Leibroß.
    Hinter ihm schleppen sie einen riesigen Fries, der
    Seine Taten darstellt und für sein Grabmal bestimmt ist.
    Noch einmal
    Bewundert das ganze Volk sein wunderbares Leben
    Der Siege und der Eroberungen
    Und erinnert sich seines einstigen Triumphes.

Jetzt
Durchziehen sie den Triumphbogen
Den die Stadt ihrem großen Sohn errichtet hat.
Die Weiber heben die Kinder hoch. Die Berittenen
Drängen die Reihen der Zuschauer zurück.
Die Straße hinter dem Zug liegt verwaist.
Zum letztenmal
Hat der große Lukullus sie passiert.
Draußen, an der Appischen Straße
Steht ein kleiner Bau, vor zehn Jahren gemauert
Bestimmt, den großen Mann
Im Tod zu beherbergen.
Ihm voraus
Biegt der Haufe von Sklaven ein
Der den Fries des Triumphes schleppt. Dann
Empfängt auch ihn die kleine Rotunde
Mit dem Buchsbaumgestrüpp.

EINE FAHLE STIMME
Halt, Soldaten.

DER AUSRUFER
Kommt eine Stimme von
Jenseits der Mauer.
Sie befiehlt von jetzt ab.

EINE FAHLE STIMME
Kippt das Traggerät. Hinter diese Mauer
Wird keiner getragen. Hinter diese Mauer
Geht jeder selber.

DER AUSRUFER
Die Soldaten kippen das Traggerät. Der Feldherr
Steht jetzt aufrecht, ein wenig unsicher.
Sein Philosoph will sich ihm gesellen
Einen weisen Spruch auf den Lippen. Aber ...

DIE FAHLE STIMME
Bleib zurück, Philosoph. Hinter dieser Mauer
Beschwatzest du keinen.

DER AUSRUFER
>   Sagt die Stimme, die befiehlt dort, und
>   Darauf tritt der Advokat vor,
>   Seinen Einspruch anzumelden.

DIE FAHLE STIMME
>   Abgeschlagen.

DER AUSRUFER
>   Sagt die Stimme, die befiehlt dort.
>   Und dem Feldherrn sagt sie:

DIE FAHLE STIMME
>   Tritt jetzt in die Pforte.

DER AUSRUFER
>   Und der Feldherr geht zur kleinen Pforte
>   Bleibt noch einmal stehn, sich umzuschauen
>   Und er sieht mit ernstem Auge die Soldaten
>   Sieht die Sklaven, die das Bildwerk schleppen
>   Sieht den Buchsbaum, letztes Grün. Er zögert.
>   Da die Halle offen steht, dringt Wind ein
>   Von der Straße.
>   *Ein Windstoß*

DIE FAHLE STIMME
>   Nimm den Helm ab. Unser Tor ist niedrig.

DER AUSRUFER
>   Und der Feldherr nimmt den schönen Helm ab.
>   Und tritt ein, gebückt. Aufatmend drängen
>   Aus der Grabstätt die Soldaten, fröhlich schwatzend.

Auf bemerkenswerte Weise tritt in den Worten des Ausrufers hervor, was Brecht den „Gestus des Zeigens" nennt. Der Schauspieler des epischen Theaters darf nicht in seiner Rolle aufgehen, sondern er soll demonstrieren, wie die verkörperte Figur sich unter bestimmten Bedingungen verhält. Um ihm den nötigen Abstand zu verschaffen, rät Brecht dem Darsteller, den Inhalt der in direkter Rede gefaßten Dialoge auf den Proben zu erzählen. Wir möchten auch dafür ein Beispiel bringen, das Brecht selbst in der Bearbeitung des „Hofmeisters" von Lenz einmal als epischen Bericht, ein andermal in szenischer Ausführung gegeben hat. Es handelt sich um eine Begegnung zwischen dem Hauslehrer Läuffer und seiner Schülerin Lise in Läuffers Studierstube. Zunächst die „Episierung":

LISE

In einer stürmischen Nacht im November, während Läuffer Hefte korrigierte, kam Lise in seine Kammer. Er begrüßte sie jedoch nicht. Sie habe ihn geschreckt, begann sie, und sie habe doch nur fragen wollen, ob der Herr Mandel noch etwas brauche.

LÄUFFER

Er und etwas brauchen! antwortete Läuffer. „Niemals!" rief er aus, was sollte er Elender denn brauchen? Er habe alles und gehe bald zu Bett.

LISE

Hätte sie ihn nicht stören sollen? fragte sie. Sie gehe schon. Sie blieb aber in der Türe stehen und sagte noch: „Herr Mandel, Sie schreiben soviel!"

LÄUFFER

Läuffer warf einen Blick auf sie und sagte vor sich hin: „Du himmlische Erscheinung."

LISE

Die Lampe könnte blaken, habe sie gedacht.

LÄUFFER

Gewiß, sagte er abwesend.

LISE

Sie blake gar nicht, sagte sie.

LÄUFFER

Läuffer redete sie dann mit „Kind" an und sagte, sie friere ja, sie solle sich das Halstuch umlegen lassen und jetzt gehen.

LISE

Lise bot ihm einen Topf Kaffee an, – daß der Herr Mandel nicht friere.

LÄUFFER

„Nein" sagte Herr Mandel. „Doch" sagte Herr Mandel, sie solle den Kaffee machen.

Die ausgeführte Szene schließt sich eng an diese Erzählung an, aber sie geht in ihrer unmittelbaren Wirkung weit darüber hinaus und gibt dem Theater, was des Theaters ist. Der atmosphärische Unterschied tritt deutlich hervor:

LISE

Ich hab Sie geschreckt und ich wollt doch nur fragen, ob Sie – noch was brauchen, Herr Mandel.

LÄUFFER

Ich was brauchen? Nein, niemals! Was sollt ich Elendiger denn brauchen? Ich hab alles. Und bald geh ich zu Bett.

LISE

Hätt ich Sie nicht stören sollen? Ich geh. Herr Mandel, Sie schreiben so viel.

LÄUFFER

Du himmlische Erscheinung!

LISE

Ich dacht, es könnt' die Lampe blaken.

LÄUFFER

Gewiß.

LISE

Sie blakt gar nicht.

LÄUFFER

Kind, du frierst ja, laß mich das Halstuch umlegen. Geh jetzt.

LISE

Einen Topf Kaffee, Herr Mandel, daß Sie nicht frieren?

LÄUFFER

Nein. Doch, mach ihn.

Lise ab

Bin ich von Sinnen? Was entdeck ich? Dieses unschuldsvolle Wesen. Dieser Engel der Freundlichkeit, und ich, in

wenigen Minuten eine Beute der verabscheuungswürdig-
sten Regungen? Woher dieser Orkan im Innern, ent-
stehend aus einem Nichts? Von ihr eine unschuldige
Handreichung, diese Lampe könnte blaken und vor mir,
zum Dank, eine fleischliche Regung! Und unter dem
Dach meines Wohltäters, im Anblick der Gegenstände,
des Stuhls hier, des Bettes dort, mit denen seine Menschenliebe mich umgab! Dies ihm, der mich erst lehrte,
was lehren heißt! Kann ich Ungeheuer mich niemals ver-
bessern?

Die gleiche Distanz, die er vom Schauspieler verlangt,
fordert Brecht auch vom Zuschauer. Es dürfen keine
„hypnotischen Felder" entstehen. Die Einfühlung, die nach
Brechts Ansicht im herkömmlichen Drama angestrebt wird,
soll durch eine kritische Haltung ersetzt werden, damit der
Zuschauer mit Hilfe des Bühnenspiels die Verhältnisse erkennt, die sein eigenes Dasein bestimmen. Diese Verhältnisse faßt Brecht als gesellschaftliche Bedingungen auf.
Unter ihrem zwingenden Einfluß verwandeln sich die Figuren; sie sind Modellgestalten, die entweder in ein anderes
„Ich" ummontiert werden können, wie der Packer Galy
Gay in „Mann ist Mann", oder die in sich ein neues, „richti-
geres" Bewußtsein entwickeln wie die Frau Carrar und die
heilige Johanna der Schlachthöfe. Alle Widersprüche in den
„Charakteren" der Personen bleiben uaufgelöst; es wird
dem Publikum überlassen, sie als Einwirkungen sozialer
Prozesse zu begreifen.

Diese Methode, bestimmte „Grundsituationen" durch
entsprechende Modellfiguren zu verkörpern, läßt sich nur
in ausgesprochenen Lehr- und Thesenstücken ganz rein
durchführen. Aber Brecht war alles andere als ein trockener
Theoretiker. Als dramatischer Künstler sah er sehr wohl,
daß es auf den einzelnen Menschen, auf seine Gefühle und
seine „Verführbarkeit" ebenso ankam wie auf gesellschaft-

liche Kräfte, denn nur durch die Wechselwirkung der beiden
Faktoren erhielt das Bühnenspiel eine echte Spannung. Gewiß lag Brecht nichts ferner als eine psychologische Zergliederung seiner Gestalten, aber er war sich der Singularität jeder Kreatur durchaus bewußt. Aufzeichnungen, die
nach seinem Tode bekannt geworden sind, lassen darüber
keinen Zweifel. So notierte er sich einmal:

„Wo ist er selber, der Lebendige, Unverwechselbare –
der nämliche, der mit Leuten in gleicher Lage nicht ganz
gleich ist? Kein Zweifel, dieses Ego muß dargestellt werden.
Seine Darstellung als Klassenwesen ist nicht möglich ohne
seine Darstellung als besonderes Lebewesen innerhalb seiner
Klasse und Epoche ... Wir treffen hier auf etwas unbewegliches, auf ein Amalgam, das unseren Werkzeugen trotzt,
das wir in der Darstellung mitschleppen müssen."

In diesem Punkt unterscheidet Brecht sich durchaus von
den Anhängern des „sozialistischen Realismus", aber auch
von Dogmatikern wie Piscator, die mit rein technischen
Mitteln die Individualität gleichsam standardisieren wollen. Vielleicht besteht der besondere Reiz der Brecht'schen
Stücke, vor allem seiner späteren Werke, gerade darin, daß
die zwiespältige Natur des Menschen als Individuum und
als gesellschaftliches Wesen so klar in ihnen hervortritt.
Merkwürdig ist jedenfalls, wieviele seiner Gestalten tragisch
scheitern – von der ersten Heiligen Johanna an bis zur
Shen-Te im „Guten Menschen von Sezuan" und zum
Galileo Galilei. Brecht gibt dafür der „Einrichtung der
Welt" die Schuld, aber der Ausdruck hat hier keinen metaphysischen Sinn wie bei Kleist; denn diese „Einrichtung"
ist von Menschen geschaffen worden und kann von ihnen
geändert werden.

Brecht wollte mit Hilfe der Dichtung die Möglichkeit
einer besseren Existenz aufzeigen. Auf dem Theater, meinte
er, „produziere" der Mensch sich am leichtesten. Doch er
war ein viel zu scharfer Beobachter, um die Grenzen der

menschlichen Natur nicht zu erkennen. Er hat darum sein Ziel nicht aufgegeben, sondern den Zweifel, der oft genug in seinen Stücken geradezu das Motiv der Handlung bildet, gleichsam in seinen Glauben mit hineingenommen, ohne ihn zu ersticken. Eine solche Position läßt sich nur dialektisch behaupten – nicht mit der formalen Dialektik, die auch den Zynikern zu Gebote steht, sondern mit einer existenziellen. Zu ihr hat Brecht sich immer wieder bekannt, weil sie, wie er sagte, ihm „helfe, einen Vorgang lebendig darzustellen" – und er fügte hinzu: „Unterstreichen Sie dick ‚lebendig'".

In den Bühnenwerken treten die scharfen Einschnitte in seiner persönlichen Entwicklung vom romantischen Vaganten zum überzeugten Revolutionär deutlich hervor. Besonders schroff wirkt der Bruch zwischen den ersten beiden Schaffensperioden, die von der unvergorenen Romantik des „Baal" bis zur verzuckerten Satire der „Dreigroschenoper" reichen, und der folgenden Phase der „Lehrstücke". Die Sprache verliert plötzlich ihren Duft, die Handlung erstarrt, und die Figuren schrumpfen zu abstrakten Typen ein. Brecht ist Kommunist geworden; man spürt die erkältende Wirkung der marxistischen Theorien auf seine Erfindungskraft. Doch die einmal geschaffenen „Modelle" drängen ins Leben zurück. Sie überdauern die Vereisung.

In den letzten, wichtigsten Dramen tauchen Figuren und Motive aus früheren Werken wieder auf, aber sie sind gleichsam durch einen chemischen Prozeß hindurchgegangen, der ihren Stellenwert im Gefüge des Ganzen verändert hat. Der weiberfressende, dem Trunk und der Lyrik verfallende Baal, das monströse Produkt des bis zu Ende gedachten Expressionismus, verwandelt sich in den versoffenen „Klassenfeind" Puntila, der die Mägde nicht durch seine Vitalität, sondern durch seine Macht als Brotherr zur Hingabe zwingt. Im „Kaukasischen Kreidekreis" wird der Azdak von Soldaten „ummontiert" wie einst Galy Gay;

inzwischen ist der „einfache Mann aus dem Volke" freilich klüger geworden und verkauft sich nicht umsonst. Die Hochzeitsszene aus der „Dreigroschenoper" wiederholt sich in „Der gute Mensch von Sezuan", aber der Bräutigam ist ein entzauberter Mackie Messer und möchte nicht ohne Geld heiraten. Die „Trommeln in der Nacht", denen der Soldat Kragler nicht folgen wollte, sind in der „Mutter Courage" nicht nur als fernes Geräusch zu vernehmen; ihr lauter Ruf, den Krieg übertönend, wird zur Stimme des unterdrückten Menschen und läßt sich nicht mehr überhören. Ebenso aufschlußreich ist die Akzentverlagerung in den beiden Gestalten der Johanna von Orléans. In der „Heiligen Johanna der Schlachthöfe" hält Brecht noch an dem idealistischen Gegensatz zwischen Gut und Böse als abstrakten Werten fest und stellt einen Menschen auf die Bühne, der durch seine „natürliche" Güte den Ausbeutern in die Hände arbeitet. Das Kind Simone Machard dagegen hat ihre Wertvorstellungen von Erwachsenen gelernt, die selbst nicht mehr an sie glauben; sie wird das unschuldige Opfer einer heuchlerischen Gesellschaft.

Bedeutsamer noch als diese thematischen Umformungen ist der Einbau lyrischer Verse und von Musik begleiteter Songs in das Gefüge des epischen Schauspiels. Schon Lenz (in den „Soldaten") und Büchner (im „Woyzeck") haben das gleiche Mittel angewandt, um poetische Wirkungen zu erzielen. Bei Brecht erfüllt die musikalische Untermalung einen lehrhaften Zweck. „Die Musik", sagt er, „verschafft durch ihren freundlich beratenden Gestus sozusagen der Stimme der Vernunft Gehör." In gleicher Weise sollen die lyrischen Einlagen die Zuschauer sehend machen, nicht betören. Im epischen Theater, das keine Visionen erzeugen will, sondern zur Kritik aufruft, dient die Lyrik dazu, den szenischen Ablauf an wichtigen Stellen zu unterbrechen und die Vorgänge auf eine andere Ebene zu erheben. Wahrscheinlich ist die Verwendung der Lyrik als retardierendes und zugleich verdichtendes Moment der Handlung das wichtigste Kennzeichen des epischen Theaters, wie Brecht es geschaffen hat. Alle anderen Techniken, die er zur Charakterisierung dieser Kunstform anführt, beschreiben nur seinen höchst persönlichen Arbeitsstil. Sie sind nicht einmal neu, aber Brecht hat etwas Neues damit geschaffen. Die Faszination seiner Inszenierungen kann nicht durch Theorien erklärt werden, sondern nur durch die Art, wie er – und er allein – die heterogenen Elemente zu einer Einheit zu verschmelzen verstand. Darin bestand die „lebendige Dialektik", die er meinte. Sie endete oft genug nicht in einem dogmatisch formulierten Resultat, sondern in einer Frage. So wendet sich am Ende des „Guten Menschen von Sezuan" der Dichter gleichsam ratsuchend mit folgendem Epilog an das Publikum:

DER SPIELER

Verehrtes Publikum, jetzt kein Verdruß:
Wir wissen wohl, das ist kein rechter Schluß.
Vorschwebte uns: die goldene Legende.
Unter der Hand nahm sie ein bitteres Ende.
Wir stehen selbst enttäuscht und sehn betroffen
Den Vorhang zu und alle Fragen offen.
Dabei sind wir doch auf Sie angewiesen
Daß Sie bei uns zu Haus sind und genießen.
Wir können es uns leider nicht verhehlen:
Wir sind bankrott, wenn Sie uns nicht empfehlen!
Vielleicht fiel uns aus lauter Furcht nichts ein.
Das kam schon vor. Was könnt die Lösung sein?
Wir konnten keine finden, nicht einmal für Geld.
Soll es ein andrer Mensch sein? Oder eine andre Welt?
Vielleicht nur andere Götter? Oder keine?
Wir sind zerschmettert und nicht nur zum Scheine!
Der einzige Ausweg wär aus diesem Ungemach:
Sie selber dächten auf der Stelle nach

Auf welche Weis dem guten Menschen man
Zu einem guten Ende helfen kann.
Verehrtes Publikum, los, such dir selbst den Schluß:
Es muß ein guter da sein, muß, muß, muß!

Die durch das Schauspiel gewonnene Erkenntnis soll also keine abseitige Erfahrung bleiben, sondern auf das alltägliche Leben des Zuschauers zurückwirken. Das Theater erhält damit eine doppelte Funktion: es spiegelt die gesellschaftliche Wirklichkeit und experimentiert zugleich mit der Möglichkeit einer besseren Ordnung. Es hat den Charakter eines Laboratoriums, nicht den eines Tempels.

Prüft man die Voraussetzungen, von denen Brechts Theorie ausgeht, so stößt man auf zwei ungeklärte Punkte. Die eine Schwierigkeit besteht darin, daß in unserer wissenschaftsgläubigen Epoche das Publikum gar nicht mehr bereit ist, das Theater als eine Stätte der Entscheidung anzusehen. Brecht überschätzt mit einer gewissen Naivität die Chance, durch das Theater auf den Zuschauer, der sich oft viel „klüger" vorkommt als ein Stückeschreiber, so nachhaltig einzuwirken, daß er sich nach einer besseren Existenz sehnt. Wenn Brecht weiter das Publikum zu einer kritischen Haltung anregen will, so schafft er damit höchstens die Vorbedingung für eine mögliche Entscheidung. Kritik allein führt noch keine Änderung der Welt herbei. Die Entscheidung selbst aber kann gerade das emotionsfeindliche epische Theater dem Zuschauer nicht aufzwingen, wenn es nicht zu einem reinen Propaganda-Institut herabsinken und seine auch von Brecht verteidigte künstlerische Funktion verlieren soll.

Theater als Kunst ist erst dann möglich, wenn gewisse konkrete Entscheidungen ihm abgenommen sind. In diesem Sinne setzt der Dichter Brecht in der Tat ein festes ideologisches Wertsystem voraus, das außerhalb des Theaters geschaffen und dessen Zielsetzung von den Zuschauern von vorneherein akzeptiert worden ist. Einem Nicht-Marxisten müssen manche Auftritte in Brechts Stücken, etwa die Klagelieder der bankrotten Börsianer in der „Heiligen Johanna der Schlachthöfe", die Hölderlins Schicksalslied parodieren, oder der groteske Tanz des betrunkenen Puntila in „Herr Puntila und sein Knecht" als bloße Spielerei oder gar als völlig sinnlos erscheinen; dem Marxisten aber wird die allegorische Darstellung gesellschaftlicher Verhältnisse in solchen Szenen schnell bewußt. Darum hatte Brecht durchaus recht, wenn er sein „Theater des wissenschaftlichen Zeitalters", wie er es nannte, in die Vorstädte verlegen wollte, weil es sich dort den breiten Massen öffnen könne – „sozusagen türenlos", fügte er hinzu. Türenlos: das heißt ohne Vermittlung durch eine gebildete Elite, die Schiller in seinem Vortrag über „Die Schaubühne als moralische Anstalt" als den „denkenden besseren Teil des Volkes, von dem das Licht der Weisheit herunterströmt" bezeichnet hatte. Ohne Zweifel tritt auch in Brechts Stücken das moralische Element stark hervor, aber sein Träger ist nicht mehr eine privilegierte Oberschicht, sondern das zum Selbstbewußtsein erwachte Proletariat. Das „bessere Denken" findet sich jetzt bei den Revolutionären, deren Kampf gegen die bestehende Ordnung den Inhalt der dramatischen Fabel bildet. Der Widerspruch zwischen der herrschenden subjektiven Moral des Bürgertums und den objektiven gesellschaftlichen Verhältnissen dient nun als das eigentliche Spannungsmoment der Handlung. Durch seine anti-kapitalistische Wendung hat Brecht wieder einen Gegenspieler für seine Protagonisten gefunden. Wenn er auch die Welt nicht ändern konnte, so hat er doch das Theater geändert.

Keiner seiner Nachfolger, zu denen vor allem Max Frisch und Friedrich Dürrenmatt gehören, hat ihn an Kraft der Gestaltung und an Strenge der Auffassung erreicht. Frisch, dessen großer Begabung die dramatische Epik viel besser

liegt als das epische Drama, macht zwar pointierte gesell-
schaftskritische Aussagen, aber es fehlt ihm das ideologische
Rüstzeug, das Brecht so gut zu gebrauchen verstand. Nun
kann man natürlich auch ohne Bindung an eine bestimmte
Ideologie vortreffliche Stücke schreiben, wie Frisch selbst
in seiner reizenden Komödie „Don Juan oder die Liebe
zur Geometrie" bewiesen hat, aber eine so ausgefeilte Technik wie die Brechts läßt sich nur dann sinnvoll verwenden,
wenn man das Ziel anerkennt, dem sie dient. Frischs dramatischen Gestalten fehlt es an Intensität; in „Biedermann
und die Brandstifter" werden die Individuen wieder zu
Typen, und die gesellschaftliche Totalität schrumpft ein zum
Milieu oder gar, wie in der „Chinesischen Mauer", zum
historischen Panoptikum. Als ehrliche Bestandsaufnahmen
bleiben Frischs Stücke wichtig, aber als formale Experimente
können sie kaum überzeugen.

Der mit sicherem Bühneninstinkt begabte Dürrenmatt
führt in seinem Hauptwerk, „Der Besuch der alten Dame",
trotz aller modernistischen Attitüden den antiken Schick-
salsbegriff wieder ein. Elemente des Nestroy'schen Volkstheaters vermischen sich mit griechischen Motiven. Dürrenmatts Figuren sind zwischen den sozialen Kräften und der
Macht des Schicksals gleichsam im Leeren aufgehängt und
ergehen sich in skurrilen Diskussionen über ihre groteske
Situation. Charakteristisch für Dürrenmatts Technik ist die
nachstehende Szene aus „Die Ehe des Herrn Mississippi":

ÜBELOHE

Wenn ich Sie, meine Damen und Herren, bitte, noch
nicht in die Pause zu gehen, obgleich die Lichter ange-
zündet worden sind, sondern sich noch meinen Auftritt
anzusehen, so nur, weil er in dieser vielverschlungenen
Handlung nicht unwichtig ist. Sie kennen mich, Sie
haben mich schon zweimal durch die Lüfte schweben
sehen, der Zypresse und dem Apfelbaum entlang. Ich

bin Graf Bodo von Übelohe-Zabernsee. Ich bin herunter-
gekommen, gewiß. Betrunken, wie Sie sehen. Ich störe
das ganze Stück, auch dies sei zugegeben. Doch bin ich
weder zu umgehen, noch zu mildern. Mein Auftritt ist
lächerlich, mehr als lächerlich, unzeitgemäß, wie ich selbst,
wie mein groteskes Leben. Es ist geradezu peinlich, mich
auch noch auftauchen zu sehen, und helfen kann ich
natürlich nicht mehr. Sie werden es sehen. Doch ist hier,
an diesem so kritischen Punkt der Handlung, in die Sie,
meine Damen und Herren, als Zuschauer und wir auf der
Bühne durch einen heimtückischen Autor hineingelistet
worden sind, die Frage aufzuwerfen, wie der Verfasser
denn an diesem allem teilnahm, ob er sich planlos von
Einfall zu Einfall treiben ließ, oder ob ein geheimer Plan
ihn leitete ..... So ließ der Liebhaber grausamer Fabeln
und nichtsnutziger Lustspiele, der mich schuf, dieser zäh-
schreibende Protestant und verlorene Phantast mich zerbrechen, um meinen Kern zu schmecken – o schreckliche
Neugierde – so entwürdigte er mich, um mich nicht
einem Heiligen ähnlich – die ihm nichts nützen –, sondern ihm selbst gleich zu machen, um mich nicht als
Sieger, sondern als Besiegten – die einzige Position, in
die der Mensch immer wieder kommt – in den Tiegel
seiner Komödie zu werfen: Dies allein nur, um zu sehen,
ob denn wirklich Gottes Gnade in dieser endlichen Schöpfung unendlich sei, unsere einzige Hoffnung. Doch lassen
wir den Vorhang wieder in die Höhe .....
Zehn Uhr. Ich begebe mich nach rechts in den Vorraum,
wo ich eben das Dienstmädchen bestürme, mich vorzu-
lassen. Ich trage bei diesem Anlaß eine blaue Brille. Anastasia dagegen finden Sie in einer Situation, die für mich
peinlich und für Sie überraschend ist: es ist die Frau, die
ich liebe, von einem Mann umklammert, den sie nie
lieben dürfte, an der gleichen Stelle, wie wir sie vor
dreiunddreißig Stunden erst verlassen haben.

MISSISSIPPI

Bevor diese schmierige Leinwand endgültig in die Höhe
schwebt, um Ihnen das zu zeigen, was erlogen ist – die
ganze Szene ist eine einzige unanständige Übertreibung –
mein Scharfsinn hätte längst dies alles festgestellt, beruhte
es auf Wahrheit – bevor dies daher alles geschieht, möchte
ich Ihnen folgende Szene beschreiben. Es war heute morgen früh. Ich hatte die ganze Nacht gearbeitet, es galt
diesmal, das Todesurteil für einen Zuhälter zu bean-
tragen – eine nicht ganz unknifflige Arbeit, draußen die
tobende Menge, im Wohnzimmer meine vor Furcht be-
bende Gattin. Ich trat ins Zimmer und finde den Engel
der Gefängnisse. Er hält das Extrablatt in den Händen.
Die Zeitung spricht die Wahrheit, sage ich zu meiner
Frau. Sie sahen in mir den natürlichen Sohn eines amerikanischen Kanonenkönigs und einer italienischen Prin-
zessin. Madame, schlagen Sie sich diese Vorstellung aus
dem Kopf, ich bin dies nicht, ich bin der Sohn einer
Straßendirne, deren Name ich ebensowenig kenne wie
meinen Vater.

ANASTASIA

Ich überlegte einen Augenblick, dann ging ich auf ihn zu
und kniete feierlich vor Mississippi nieder.

Sie kniet nieder

MISSISSIPPI

Ich sagte bewegt: Madame, Sie verachten mich nicht?

ANASTASIA

Darauf küßte ich seine Hand . . . . .

MISSISSIPPI

Dies ist die Szene. Sie erschüttert mich und wird auch
Sie erschüttert haben. Ich erzähle sie, obgleich mich eben
jetzt im Geschworenengericht eine tobende Meute be-
lagert, und wenn die Menschen mich bald durchs ganze
Gebäude hetzen werden, die Treppen hinauf, durch die
Galerien, die Treppen wieder hinunter, um mich im
Foyer unter dem Standbild der Gerechtigkeit zu ver-

prügeln, bis ich blutüberströmt liegen bleibe – all dies wird in wenigen Stunden geschehen.

Offensichtlich benutzt Dürrenmatt in dieser Szene den Verfremdungseffekt zu einem ganz anderen Zweck als Brecht. Seine Ironie gilt dem Theater selbst. Doch während er den Spiegel zerschlägt, zerschlägt er auch das gespiegelte Leben. So endet das epische Theater in Resignation und Artistik. Brecht hatte es auf seinen ideologischen Glauben an die Veränderbarkeit der Welt gegründet, und vielleicht hatte er recht, als er sagte, die Welt ließe sich im Bühnenwerk nur noch einfangen, wenn man sie als veränderlich darstelle. Mit dem Zusammenbruch der Ideologie, an die Brecht glaubte, ist diese Möglichkeit dahingeschwunden.

EXISTENTIALISMUS UND ENGAGIERTES
THEATER

Brechts Werk, das heute historisch geworden ist, setzt eine Tradition fort, die in den großen pragmatischen Dichtungen Georg Büchners ihren vollkommensten Ausdruck gefunden hat. Wie Büchner lehnt Brecht jede Idealisierung der realen Zustände ab, aber er unterscheidet sich von ihm durch den utopischen Glauben an die Möglichkeit, die Welt zu verändern. In der szenischen Darstellung der sozialen Gesetze, hat er einmal geschrieben, „müssen praktikable Definitionen gefunden werden, das heißt solche Definitionen der interessierenden Prozesse, durch deren Benutzung in diese Prozesse eingegriffen werden kann. Das Interesse des epischen Theaters ist also ein eminent praktisches". Ein andermal braucht er die Formulierung: „Das Theater muß sich in der Wirklichkeit engagieren, um wirkungsvolle Abbilder der Wirklichkeit herstellen zu können und zu dürfen." Von solchen ideologisch bedingten Vorstellungen der Aufgabe des Theaters wollte der Realist Büchner nichts wissen. Sein Gegensatz zu den Ansichten Brechts geht aus der folgenden Briefstelle über „Dantons Tod" deutlich genug hervor:

„Der dramatische Dichter ist in meinen Augen nichts als ein Geschichtsschreiber ... Seine höchste Aufgabe ist, der Geschichte, wie sie sich wirklich begeben, so nahe wie möglich zu kommen. Sein Buch darf weder sittlicher noch unsittlicher sein als die Geschichte selbst ... Ich kann doch aus einem Danton und den Banditen der Revolution nicht Tugendhelden machen. Der Dichter ist kein Lehrer der Moral, er erfindet und schafft Gestalten ... Wenn man mir übrigens noch sagen wollte, der Dichter müsse die Welt nicht zeigen, wie sie ist, sondern wie sie sein solle, so antworte ich, daß ich es nicht besser machen will als der liebe Gott, der die Welt gewiß gemacht hat, wie sie sein soll."

Natürlich sind diese Worte vor allem auf die „Idealdichter" – so nennt Büchner sie – gemünzt, aber sie treffen Brecht ebenso wie Schiller. „Dantons Tod" ist eher eine Absage an den Versuch, die Beziehungen zwischen den Menschen durch einen Umsturz der Gesellschaft bessern zu wollen, als ein Aufruf zur Tat. Wenn aus der Geschichte nichts anderes zu lernen ist, als daß die Menschen immer scheitern, sobald sie versuchen, hohe Ideale in die Wirklichkeit umzusetzen, so kann die Lehre, die man daraus ziehen muß, nur zu einem Verzicht auf jedes „Eingreifen in den gesellschaftlichen Prozeß" führen. In diesem Sinne ist es richtig, daß in Büchners Werk der Keim zu jenem Nihilismus steckt, der seit dem schmählichen Ausgang der Französischen Revolution so viele große Geister des 19. Jahrhunderts in Bann gehalten hat. Danton empfindet gegenüber den Geschäften der Welt eine tiefe Langeweile, der erst das Beil des Henkers ein Ende bereitet. Die Parallele zu unserer eigenen Zeit ist offenbar. Angesichts der Desillusionierung durch den Verlauf der Revolution in Rußland wirkt Büchners nihilistische Wendung heute moderner als Brechts schon von Tragik umwitterte Utopie einer besseren Gesellschaft. Die Schluß-Szene des 1836 verfaßten Lustspiels „Leonce und Lena" könnte in unseren Tagen entstanden sein:

LEONCE

Nun, Lena, siehst du jetzt, wie wir die Taschen voll haben, voll Puppen und Spielzeug? Was wollen wir damit anfangen? Wollen wir ihnen Schnurrbärte machen und ihnen Säbel anhängen? Oder wollen wir ihnen Fräcke anziehen und sie infusorische Politik und Diplomatie treiben lassen und uns mit dem Mikroskop danebensetzen? Oder hast du Verlangen nach einer Drehorgel, auf der die milchweißen ästhetischen Spitzmäuse herumhuschen? Wollen wir ein Theater bauen? – Aber ich weiß besser, was du willst: wir lassen alle Uhren zerschlagen, alle Kalender verbieten und zählen Stunden und Monden nur nach der Blumenuhr, nur nach Blüte und Frucht. Und dann umstellen wir das Ländchen mit Brennspiegeln, daß es keinen Winter mehr gibt und wir uns im Sommer bis Ischia und Capri hinaufdestillieren, und das ganze Jahr zwischen Rosen und Veilchen, zwischen Orangen und Lorbeer stecken.

VALERIO

Und ich werde Staatsminister, und es wird ein Dekret erlassen, daß, wer sich Schwielen in die Hände schafft, unter Kuratel gestellt wird; daß, wer sich krank arbeitet, kriminalistisch strafbar ist; daß jeder, der sich rühmt, sein Brot im Schweiße seines Angesichts zu essen, für verrückt und der menschlichen Gesellschaft gefährlich erklärt wird; und dann legen wir uns in den Schatten und bitten Gott um Makkaroni, Melonen und Feigen, um musikalische Kehlen, klassische Leiber und eine kommende Religion!

In der graziösen Ironie Büchners verbirgt sich das Gefühl einer unendlichen Leere. Ist es nicht auffallend, daß die gleiche Empfindung in ganz modernen Stücken wie Samuel Becketts „Warten auf Godot" wiederkehrt? Hier befinden wir uns am äußersten Gegenpol zu dem von Brecht proklamierten Ziel des epischen Theaters. Die gleiche dramatische Form kann also ganz verschiedene Einstellungen zur Welt ausdrücken, und es wäre gewiß einseitig und mißverständlich, wollte man sie aus einer Art von proletarischem Snobismus heraus von vornherein für ein politisches Engagement reservieren.

Wie Büchner sich in dem eben angeführten Brief gegen die „Idealdichter" wandte, so erklärt Brecht im Vorwort zum „Antigone-Modell", die „sogenannte Welt des Dichters dürfe nicht als eine abgeschlossene, autoritäre, in sich logische betrachtet werden". Die Wirklichkeit hat also den Vorrang vor jeder Philosophie. Es bleibt allerdings zu fragen, ob man, wie Brecht es will, die Welt verändern kann, ohne ihr eine Philosophie entgegenzustellen, oder anders ausgedrückt: ob nicht nur eine geistige Durchdringung der Existenz die Freiheit des Handelns und damit ein „Engagement in der Wirklichkeit" möglich macht. Das ist in der Tat die Ansicht der französischen Dichter, deren dramatischen Werken man den Namen „engagiertes Theater" gegeben hat. Ihr hervorragendster Vertreter, Jean Paul Sartre, sympathisiert wie Brecht mit dem Kommunismus, aber er mißt ihn nicht am Wert seiner utopischen Ziele, sondern am Grad der Übereinstimmung zwischen dem Gewollten und dem Erreichten. Der Widerspruch zwischen beidem wird nicht einfach hingenommen oder übergangen; im Gegenteil, er bildet in Sartres Werk das eigentliche Thema der Auseinandersetzung. Anders als bei Büchner führt jedoch die Einsicht in die Irrationalität der Geschichte nicht zur Resignation. Der Mensch erfährt seine Existenz nur, indem er im vollen Bewußtsein seiner Situation sich für das Handeln entscheidet. Charakteristisch für Sartres Auffassung ist ein Ausspruch in dem Essay „Materialismus und Revolution":

„Der Revolutionär ... weiß, daß das Handeln nicht eine glückliche Verbindung von Gedanken ist, sondern ein Ankämpfen des ganzen Menschen gegen die Undurchdringlichkeit des Universums. Er weiß, daß – auch wenn man die Bedeutung der Dinge enträtselt hat – stets ein nicht unterzubringender Rest übrig bleibt, der in dem

Anders-Sein, der Irrationalität, der Undurchsichtigkeit des Wirklichen besteht, und daß gerade dieser Rest schließlich erstickend und zermalmend wirkt ... Er will der Feindseligkeit der Dinge nicht die Idee entgegenstellen, sondern das Handeln ... Damit sich zeigt, daß ein Hügel leicht oder schwer zu ersteigen ist, muß jemand den Plan gefaßt haben, seinen Gipfel zu ersteigen. Idealismus und Materialismus heben beide gleichermaßen das Wirkliche auf, der eine, weil er das Ding, der andere, weil er die Subjektivität unterdrückt. Damit die Wirklichkeit sich offenbart, bedarf es eines Menschen, der gegen sie ankämpft; kurz, der Realismus des Revolutionärs erfordert in gleicher Weise die Existenz der Welt und die der Subjektivität; oder besser noch: er verlangt eine solche Wechselbeziehung der einen zur andern, daß man sich keine Subjektivität außerhalb der Welt vorstellen kann, und keine Welt, die nicht durch die Bemühung einer Subjektivität erhellt würde. Das Höchstmaß an Realität, das Höchstmaß an Widerstand erhält man, wenn man annimmt, daß der Mensch als „In-Situation-in-der-Welt" bestimmt werden kann und daß er durch die schwierige Lehrzeit des Wirklichen geht, indem er sich in seiner Beziehung zu diesem Wirklichen bestimmt."

In seinen Stücken sucht Sartre die universelle Verpflichtung zur Entscheidung durch eine dramatisch zugespitzte aktuelle Situation zu beweisen. Seine Dichtungen stehen durchaus im Dienst seiner Philosophie. Er betrachtet die menschliche Geschichte nicht als eine bloße Abstraktion, über die man im stillen Kämmerlein oder im Hörsaal ohne Gefahr für sich selbst spekulieren kann. „Während unsere Vorgänger", so sagt er einmal, „noch glaubten, sie könnten sich außerhalb der Geschichte bewegen und sich so hoch darüber erheben, daß sie über die wahre Natur der Ereignisse zu urteilen imstande wären, sind wir durch die

Verhältnisse mitten in die Zeitgeschichte hineingestoßen worden." Durch die Verhältnisse – damit meint Sartre den Faschismus, den Krieg, die Eroberung Frankreichs und die Widerstandsbewegung; er meint wohl auch seine persönliche Situation als Kriegsgefangener in einem deutschen Lager, denn hier schrieb er zum ersten Mal ein Theaterstück, um seine Mitgefangenen aus ihrer Lethargie aufzurütteln. Das war in der Tat eine Lage, die zum Handeln zwang, und sie erklärt, warum der Denker Sartre sich nicht mehr mit dem Denken begnügt. Philosophie schließt für ihn die Erkenntnis ein, daß der Kampf mit der Wirklichkeit nur aktiv geführt werden kann, auch wenn die menschlichen Kräfte dazu vielleicht nicht ausreichen. Es bleibt nach seiner Überzeugung nichts übrig, als diese Situation bedingungslos zu akzeptieren und eben dadurch die menschliche Freiheit und die Möglichkeit einer moralischen Entscheidung zu beweisen.

Von hier aus führt Sartres Weg in gerader Linie zum Drama. Wenn der Mensch sich aufgerufen fühlt, den Kampf mit dem Geschick aufzunehmen, entsteht die Ursituation der dramatischen Kunst und der hohen Tragödie. Doch Sartre will keine „ewigen Werte" predigen. Er faßt den Menschen wie Brecht als ein gesellschaftliches Wesen auf, dessen Lage sich je nach den wechselnden historischen und sozialen Bedingungen ändert. Für Orestes, den Widersacher Jupiters in „Die Fliegen", ist sie eine andere als für den kommunistischen Funktionär in „Die schmutzigen Hände", der vom Parteiapparat zum Mord gedungen wird und an der Aufgabe zerbricht – aber sie ist immer konkret, drangvoll und unausweichlich. Auch der Revolutionär darf sich nicht auf irgendein dogmatisches Programm verlassen; er kann seine Aufgabe, der Welt zu helfen, nur erfüllen, indem er sich in jedem Augenblick neu entscheidet und sogar vor dem Verrat der propagierten Ideale nicht zurückschreckt. In den Figuren des skrupellosen Politikers Hoe-

derer und eines jungen Fanatikers, der an formale Prinzipien glaubt, hat Sartre das existentialistische Engagement
am schärfsten gegen den starren und handlungsunfähigen
reinen Intellektualismus abzugrenzen versucht. Hugo – so
heißt der Junge – wirft Hoederer vor, die Ideale der Partei
verraten zu haben.

HUGO

Die Partei hat ein Programm: die Verwirklichung einer
sozialistischen Wirtschaft. Und ein Mittel: die Anwen-
dung des Klassenkampfes. Sie aber wollen sie dazu verwenden, um eine Politik der Zusammenarbeit der Klas-
sen im Rahmen einer kapitalistischen Wirtschaft zu be-
treiben. Jahre hindurch wollen Sie lügen, überlisten, auf
zwei Schultern tragen, von Kompromiß zu Kompromiß
gehen; den Kameraden gegenüber werden Sie reaktionäre
Maßnahmen einer Regierung verteidigen, der Sie an-
gehören . . . . . Hoederer! Die Partei ist doch Ihre Partei,
Sie können doch nicht vergessen haben, mit welcher unendlichen Mühe Sie sie geschmiedet haben, welche Opfer
Sie verlangen, welche Disziplin Sie erzwingen mußten.
Ich beschwöre Sie: bringen Sie sie nicht mit eigenen
Händen um!

HOEDERER

Worte, nichts als Worte! Wenn du nichts riskieren willst,
darfst du keine Politik machen.

HUGO

Diese Art von Risiko will ich nicht!

HOEDERER

Gut. Also wie willst du dann die Macht behalten?

HUGO

Wozu sie überhaupt erst ergreifen? . . . . .

HOEDERER

. . . Eine Partei kann immer nur ein Mittel sein. Und
immer gibt es nur einen einzigen Zweck: die Macht.

HUGO

Es gibt nur einen einzigen Zweck, nämlich unseren Ideen zum Sieg zu verhelfen, allen unsern Ideen und ausschließlich diesen.

HOEDERER

Ach ja, das stimmt. Du hast ja Ideen. Na, das wird sich geben.

HUGO

Sie meinen, ich bin der einzige, der sie hat? Und die Kameraden, die sich von der Polizei des Regenten haben erschießen lassen, sind die etwa nicht für Ideen gestorben? Meinen Sie nicht, daß es Verrat gegen sie wäre, wenn wir die Partei dazu benutzten, um ihre Mörder herauszupauken?

HOEDERER

Ich pfeife auf die Toten. Sie sind für die Partei gestorben, und die Partei kann entscheiden, was sie will. Ich mache lebendige Politik, für die Lebendigen.

HUGO

Und Sie glauben, die Lebenden werden sich mit Ihren kleinen Schlichen abfinden?

HOEDERER

Man muß die Pille versüßen.

HUGO

Indem man die Kameraden belügt?

HOEDERER

Indem man sie manchmal belügt.

HUGO

Sie ... Sie kommen mir doch so w i r k l i c h , so zuverlässig vor! Es ist doch nicht möglich, daß Sie sich damit abfinden, die Kameraden anzulügen.

HOEDERER

Wie du auf deine Lauterkeit hältst, mein Junge! Was für eine Angst du hast, dir die Hände schmutzig zu machen. Also gut, bleibe rein! Aber was kommt denn dabei her-

aus? Und was willst du hier bei uns? Reinheit ist eine
Idee für Fakire und für Mönche. Ihr anderen, ihr Intellektuellen und ihr bürgerlichen Anarchisten macht euch
einen Vorwand daraus, um überhaupt nichts zu tun . . . . .
Ich habe meine Hände in Dreck und Blut getaucht. Und
wenn? Meinst du, man kann regieren und kinderrein
dabei bleiben?

HUGO

Es wird sich vielleicht eines Tages zeigen, daß ich mich
vor Blut nicht fürchte . . . . .

HOEDERER

Siehst du, siehst du! Du hast die Menschen nicht lieb,
Hugo. Du liebst nur deine Prinzipien.

HUGO

Die Menschen? Und warum sollte ich die Menschen
lieben? Lieben sie etwa mich?

HOEDERER

Warum bist du dann zu uns gekommen? Wenn man die
Menschen nicht liebt, kann man nicht für sie kämpfen . . . . .

HUGO

Ich bin in die Partei eingetreten, weil ihre Sache die ge-
rechte ist, und ich werde aus ihr austreten, wenn sie das
nicht mehr ist. Und was die Menschen angeht, so inter-
essiere ich mich nicht dafür, was sie sind, sondern was
sie werden können.

HOEDERER

Und ich liebe sie, so wie sie sind. Mit all ihren Schweine-
reien und Minderwertigkeiten. Ich liebe ihre Stimmen
und ihre warmen Hände, die nach etwas greifen, und ich
liebe ihre Haut, die die nackteste von allen Häuten ist,
und ihren ängstlichen Blick und den verzweifelten Kampf,
den sie jeder für sich gegen den Tod führen und die
Angst. Für mich bedeutet das etwas: ein Mann mehr
oder weniger auf der Welt. Er ist eine Kostbarkeit. Dich
kenne ich jetzt, mein Junge, du bist ein Zerstörer. Du

verabscheust die Menschen, weil du dich selbst verabscheust: deine Reinheit hat etwas vom Tode, und die Revolution, die du erträumst, ist nicht die unsrige: du willst die Welt nicht ändern, sondern du willst sie vernichten.

HUGO

Hoederer!

HOEDERER

Du kannst nichts dafür: ihr seid alle gleich. Ein Intellektueller ist niemals ein wahrer Revolutionär; er gibt bestenfalls einen Mörder ab.

HUGO

Einen Mörder. Ja!

Sartres Neigung, die Aktionen seiner Gestalten durch ein abstraktes politisches Räsonnement zu begründen, tritt in diesem eigentümlich leblosen Dialog deutlich hervor. These und Antithese ergeben sich nicht aus der Handlung, sondern gehen ihr voran. Die Figuren interpretieren sich selbst; sie sind dazu da, um bestimmte Prinzipien zu illustrieren, auf deren Gegensatz das Stück aufgebaut ist. Dabei werden die individuellen Konturen viel stärker verwischt als etwa bei Brecht, dem Sartre merkwürdigerweise gerade eine Vernachlässigung subjektiver Züge vorwirft. Wenn man den Lumpenkönig Azdak aus Brechts „Kaukasischem Kreidekreis" mit jenem Hoederer vergleicht, der vor Menschenliebe trieft und dennoch seine Hände „in Dreck und Blut" getaucht hat, spürt man sofort den Unterschied zwischen einer plastischen Menschenzeichnung und einem aus heterogenen Begriffen synthetisch hergestellten Typus. Nach seinen eigenen Worten möchte Sartre die Leidenschaften von ihrer Bindung an die „Dummheit und den Egoismus" loslösen und in „soziale" Leidenschaften verwandeln. Die Folge davon ist, daß den Personen, die er auf die Bühne bringt, eine ganze Dimension fehlt. Sie haben Ideen, sogar über die Liebe, aber sie haben keinen Trieb.

Es ist bezeichnend, daß Sartre in den Schlußworten der eben wiedergegebenen Szene das Problem des Intellektuellen und seiner gesellschaftlichen Lage anschneidet. In der zunehmenden Entmachtung der intellektuellen Elite lag vielleicht der tiefste Grund für seine eigene existentielle Entscheidung. Das Gefühl, in einem geistigen Vakuum zu leben, trieb ihn zur Teilnahme an den politischen Kämpfen, auf die er Einfluß zu nehmen hoffte. Er identifizierte sich mit der Sache der Unterdrückten und suchte sie im Bund mit dem Kommunismus zu verteidigen – manchmal bis an die Grenze des ihm selbst Erträglichen. Ein Parteimann ist er nie gewesen. „Da wir noch frei sind, werden wir uns den Wachhunden der kommunistischen Partei nicht ausliefern", hat er deutlich genug geschrieben.

Natürlich basiert diese Haltung auf einer Selbsttäuschung. Die Utopie wird gleichsam aus dem gesellschaftlichen Bereich in den privaten verlagert. Der Existentialist kann seine Freiheit niemals durch den Anschluß an eine Massenbewegung erreichen, denn die Entscheidung, durch die er sie gewinnt, vermag er nur als einzelner zu treffen. Unvermeidlich muß er dabei in Konflikt mit j e d e r gesellschaftlichen Ordnung geraten. Sobald er versucht, seiner „sozialen Leidenschaft" einen konkreten Inhalt zu geben, bleibt ihm keine andere Wahl, als sich selbst zu verleugnen. Dieses zwiespältige Verhältnis zwischen einem Ich, das sich nur in einsamen Entscheidungen verwirklichen kann, und der Welt, die ihm ihre Gesetze aufzwingt, bildet in vielen Dramen Sartres das Spannungsmoment der Handlung. Die Gestalten befinden sich in einem unlösbaren Dilemma. Als freie Herren ihres Geschicks tragen sie allein die Verantwortung für jede Wahl, die sie treffen, zugleich aber wird ihre Existenz durch das Kollektiv determiniert, zu dem sie gehören. Sie können den Widerspruch nur überwinden, indem sie in das Paradox einwilligen. Sartre erfindet für dieses Thema immer neue Variationen. In den Stücken „Tote ohne Begräbnis" und „Der Teufel und der liebe Gott" behandelt er es didaktisch; in „Geschlossene Gesellschaft" und „Die Eingeschlossenen" gibt er ihm einen tragischen Unterton; in „Nekrassow" macht er es zum Leitmotiv einer brillanten Komödie.

Die Hauptfigur in „Nekrassow" ist ein Schwindler namens De Valera, der einer sensationshungrigen Zeitung zuliebe die Rolle eines angeblich aus Rußland entflohenen kommunistischen Funktionärs spielt. Mit spürbarem Vergnügen benutzt Sartre diese Grundsituation, um die Verlogenheit der Presse und die Methoden der berufsmäßigen Anti-Kommunisten zu attackieren. Aber die Polemik wird nicht um ihrer selbst willen unternommen; indem sie die objektiven Zustände beleuchtet, rückt sie gleichzeitig das Verhalten des Hochstaplers in die richtige Perspektive. Vom Standpunkt der Sartre'schen Philosophie aus gesehen, ist De Valera ein Existentialist, der vor die Wahl gestellt wird, wer er sein will: er selbst oder das Spiegelbild des in undurchsichtige und wechselvolle Machtkämpfe verwickelten Nekrassow. Als er schließlich sein eigenes Ich wieder annehmen möchte, wird er durch die Interessen an seiner falschen Identität daran gehindert. Es gibt keine andere Rettung für ihn als schleunige Flucht. De Valera selbst erkennt die sinnbildliche Bedeutung seines Abenteuers. „Gut und Böse – ich nehme beides auf mich. Ich bin für alles verantwortlich", läßt Sartre ihn sagen. Die politische Satire entpuppt sich als ein existentialistisches Drama. Der aktuelle Vordergrund verhüllt nur das immanente Problem, das sich aus dem Gegensatz zwischen der autonomen Person und ihrer von der Gesellschaft diktierten Rolle ergibt.

Im Unterschied zu Sartre sieht Albert Camus dieses Problem nicht allein im Licht einer revolutionären Geschichtsphilosophie. Auch er geht aus von der Vereinsamung des Menschen in einer Welt, die ihm fremd geworden ist, aber er glaubt noch an die Möglichkeit einer natürlichen Gemeinschaft. „Der Mensch", sagt er, „ist nicht nur ein Produkt der Geschichte. Er hat auch in der Ordnung der Natur sein Daseinsrecht. Man kann die ganze Geschichte ablehnen und sich statt dessen der Welt der Sterne und des Meeres hingeben. Ohne Zweifel entsteht aus der Schönheit kein Antrieb zur Revolution, aber es wird ein Tag kommen, an dem die Revolutionen die Schönheit nötig haben. Kann man für immer sich der Ungerechtigkeit widersetzen, ohne den Glauben an die Natur des Menschen und die Schönheit der Welt aufzugeben? Meine Antwort ist ja."

Akzeptiert man diese Ansicht Camus', so wird man ihn kaum unter die engagierten Autoren im Sinne Sartres und Brechts rechnen können. Trotzdem hat er in einigen seiner Stücke, besonders in „Der Belagerungszustand", Szenen geschaffen, die einen scharfen realistischen Blick für die historische Situation verraten, auch wenn sie der politischen Realität eine fast schwärmerische Naturromantik und ein ebenso unklar umrissenes Naturrecht entgegensetzen. Die Revolution wird ähnlich wie bei Büchner von einem überhöhten Standpunkt aus betrachtet und entzaubert. Als Beispiel möge ein Auftritt aus dem „Belagerungszustand" dienen; er spielt nach dem Sieg der Aufständischen:

NADA

Da sind sie! Die Alten kommen, die von vorher, die von immer, die Versteinerten, die Tröstlichen, die Bequemen, die Sackgassen, die Geschniegelten, kurz, die Tradition, gemütlich, blühend und frisch rasiert! Die Erleichterung ist allgemein. Man wird wieder von vorne anfangen können. Beim Nullpunkt natürlich. Da kommen die Schneiderlein des Nichts, sie werden euch eure Anzüge anmessen. Aber regt euch nicht auf, sie befolgen eine bessere Methode. Anstatt denen, die ihr Unglück herausschreien, den Mund zu schließen, verstopfen sie sich die Ohren. Wir waren stumm, nun werden wir taub.

Aufgepaßt, die Männer, die Geschichte machen, kehren zurück! Man wird sich der Helden annehmen. Kühl lagern wird man sie. Unter der Grabplatte. Beklagt euch nicht: die Gesellschaft über der Grabplatte ist wirklich zu wenig erlesen.

Schaut doch! Was glaubt ihr, daß sie bereits tun? Sie verleihen sich Orden. Noch sind die Gastmähler des Hasses gerüstet, die erschöpfte Erde bedeckt sich mit dem morschen Holz der Galgen, das Blut derer, die ihr die Gerechten nennt, verklärt noch die Mauern der Welt, und was tun sie? Sie verleihen sich Orden! Freut euch, ihr werdet eure Preisverteilungsreden bekommen!

Der enttäuschte Revolutionär, der diese Worte spricht, findet keinen anderen Ausweg aus seiner Verzweiflung als den Selbstmord. Camus gibt ihm den Namen „Nada", das Nichts. Wer glaubt, durch politische Aktionen die Welt bessern zu können, muß als Nihilist enden. Die einzige Revolte, die sinnvoll ist, richtet sich gegen die Absurdität des Lebens überhaupt. Auch dieser Kampf gegen das Absolute bleibt vergeblich, da sich die elende Lage des Menschen nicht ändern läßt, aber nur ein „totales" Engagement, das sich auf die Erkenntnis des gemeinsamen Schicksals gründet, führt zu dem ersehnten Ziel einer echten Humanität.

Die eigentümliche Dialektik dieses Gedankengangs bestimmt in den Bühnenwerken des Dichters das Thema und die Struktur der Handlung. In „Caligula" und „Das Mißverständnis", seinen wirksamsten Dramen, übersteigert Camus das Motiv des Absurden, um durch die Darstellung des Unerträglichen den Ansatz zu einer humanitären Ethik zu gewinnen. „Caligula" schildert die Tragödie eines Einsamen, der alles um sich her vernichtet, weil er sich von der Welt, wie sie ist, befreien will; in „Das Mißverständnis" ist die Hauptperson eine Mörderin, die ihren unerkannten

Bruder tötet, um mit dem Geld, das sie ihm raubt, aus der drückenden Enge ihres Lebens auszubrechen. Man hat diese Stücke als krankhafte Abbildungen des Grauens und als Apotheosen des Bösen bezeichnet – was aber nur beweist, daß es Camus nicht gelungen ist, seine wahre Intention in der Handlung selbst auszudrücken. Der positive Aspekt verschwindet hinter der totalen Negation, anstatt aus ihr sichtbar hervorzugehen. Trotzdem bleibt er wenigstens als philosophische Konsequenz erkennbar. Denn in der äußersten Zuspitzung des Gedankens, daß es angesichts der Vergeblichkeit jeder menschlichen Anstrengung keinen Unterschied zwischen Gut und Böse geben könne, wird der Punkt erreicht, wo die Indifferenz, die sich notwendig aus der Absurdität des Daseins zu ergeben scheint, in ihr Gegenteil, das totale Engagement, umschlägt. Was der Intellekt als logische Folgerung ansieht, wird durch das Gefühl widerlegt. Damit erreicht die Absurdität ihren höchsten Grad, aber sie ändert zugleich ihren Charakter. Caligula spürt – wie Camus in seinem Vorwort zu dem Stück betont –, daß niemand sich allein retten und niemand auf Kosten aller anderen seine Freiheit verwirklichen kann. Als er dies einsieht, liefert der Tyrann sich seinen Mördern aus. Und besteht die Tragödie der Mörderin in „Das Mißverständnis“ nicht gerade darin, daß sie in ihrem Opfer den Bruder nicht erkannt hat? In beiden Stücken gesellt sich zu der wilden Revolte gegen das Schicksal ein anderes Element, das freilich in der dramatischen Handlung nicht hervortritt und nur indirekt fühlbar wird: die Verantwortung des einzelnen für alle, die Idee der Humanität. Es scheint widersinnig, diese Verantwortung auf sich zu nehmen, da keiner dem anderen helfen kann; doch das Herz ist stärker als der logische Verstand, es zwingt zu der neuen Absurdität, aus Verzweiflung die Menschen zu lieben.

Camus macht es dem Publikum schwer, den Sprung von der Weltverneinung zu einer idealistischen Metaphysik zu verstehen. In den Dialogen benutzt er bewußt eine Technik, die sich an klassische Vorbilder anlehnt. Er verteidigt diese geradlinige und nicht besonders originelle Methode, „weil sie allein das menschliche Schicksal in seiner Ganzheit, in seiner Einfachheit und Größe ins Spiel bringt", aber er übersieht, wie wenig das dichte Gefüge von Rede und Gegenrede im Stil Racines oder Ibsens der paradoxen Dialektik des „Absurden" entspricht. Um die Wendung ins Irrationale deutlich zu machen, muß er sich durch den Mund seiner Figuren gleichsam selbst kommentieren. Das geschieht oft durch eingeschobene Monologe, deren exaltierte Rhetorik spürbar von den etwas schwerblütigen Dialogen absticht. Als Beispiel dafür sei das Selbstgespräch der Mörderin aus „Das Mißverständnis" nach der Tötung des Bruders angeführt:

MARTHA

Nein! Es war nicht meine Aufgabe, meines Bruders Hüterin zu sein, und doch bin ich jetzt in meiner eigenen Heimat eine Verbannte, meine leibliche Mutter hat mich verstoßen. Aber es war nicht meine Aufgabe, meines Bruders Hüterin zu sein. Das ist das Unrecht, das der Unschuld angetan wird. Ihm ist nur zuteil geworden, was er begehrte, während ich einsam zurückbleibe, fern vom Meer, nach dem ich mich sehnte. Oh, wie ich ihn hasse! Mein ganzes Leben bestand in der Erwartung jener Welle, die mich mitreißen sollte, und jetzt weiß ich, daß sie nicht mehr kommen wird. Rechts und links, vor mir und hinter mir muß ich die Unzahl der Völker und Nationen um mich haben, die Ebenen und die Berge, die den Meerwind abfangen und deren Geplapper und Geraune sein ständiges Rufen erstickt.

Leiser

Andere haben mehr Glück! Es gibt Orte, die fernab vom Meer liegen und denen der Wind in der Dämmerung zu-

weilen doch einen Geruch nach Tang bringt; er erzählt
ihnen vom feuchten Strand, auf dem das Geschrei der
Möwen widerhallt, oder von goldenen Küsten im grenzenlosen Abendlicht. Aber der Wind ist erschöpft, lange
bevor er hierher gelangt, und ich werde nie mehr bekommen, was mir gebührt. Selbst wenn ich mein Ohr
an die Erde schmiege, werde ich das Tosen der eiskalten
Wogen nicht hören und nicht das gleichmäßige Atmen
einer friedlichen See. Ich bin zu weit entfernt von dem,
was ich liebe, und diese Ferne ist unüberbrückbar ...
Wenn ich sterbe, werde ich die Augen nicht erheben, um
den Himmel anzuflehen. Jenes Land, wo man sich befreien, seinen Leib an einen anderen schmiegen, in den
Wogen treiben kann, jenes vom Meer beschützte Land
wird von den Göttern nicht betreten. Hier jedoch, wo
der Blick allenthalben anstößt, ist die ganze Erde so angelegt, daß das Antlitz sich erheben und der Blick flehen
muß. Oh, ich hasse diese Welt, in der wir auf Gott angewiesen sind! Ich aber, die ich Unrecht leide und der
keine Gerechtigkeit widerfahren ist, ich werde nie nieder-
knien. Meines Platzes auf dieser Erde beraubt, von
meiner Mutter verstoßen, allein inmitten meiner Verbrechen, werde ich diese Welt verlassen, unversöhnt.

Wenn man ein Stück von Camus auf der Bühne sieht, hat
man das Gefühl, einen Mann zu beobachten, der über einem
Abgrund schwebt und sich mit Nägeln und Zähnen an
einem vorspringenden Felsstück festhält. Trotz der Kraft,
die dieser Mann aufbringt, kann es nur eine Frage der Zeit
sein, wann er abstürzt. Merkwürdigerweise beschäftigt er
sich im Angesicht der drohenden Gefahr vor allem mit
dem Problem, wer ihn in eine solche Lage gebracht hat:
der Schöpfer der Welt oder er selbst. Die Lösung, die er
vielleicht findet, wird indessen immer nur individuelle Gültigkeit haben. Oder weniger bildlich ausgedrückt: an die

Stelle des revolutionären Existentialismus tritt bei Camus das persönliche Engagement.

Überhaupt erweist sich der Begriff des Engagements als recht vieldeutig. Auch die Theoretiker des sozialistischen Realismus nehmen ihn für sich in Anspruch, aber sie fassen ihn offenbar nur als Verpflichtung gegenüber der Partei und ihrem politischen Programm auf. Nach Zeitungsberichten haben die Stalin-Preisträger Lawrenjow und Wirta in einer Proklamation erklärt, daß es für das Drama keinen Platz mehr in der Literatur gebe. Das gute Drama baue sich auf Konflikten auf; da diese jedoch offenbar aus dem Leben der sowjetischen klassenlosen Gesellschaft verschwunden seien, sei es unmöglich geworden, eine realistische und gleichzeitig künstlerisch starke Theaterdichtung zu schaffen. Man solle infolgedessen das Wort „Konflikt" überhaupt aus dem Sprachgebrauch streichen, da es der Wahrheit des sowjetischen Lebens widerspreche. Dem sozialistischen Dramatiker stehe nur die Darstellung eines einzigen Konflikts zu, nämlich des Konflikts zwischen dem Guten und dem noch Besseren. – Diese Vision einer widerspruchslosen Gesellschaft, in der es kein wahres Engagement mehr gibt, macht die Gestalten auf der Bühne zu bloßen Plakatfiguren und nimmt ihrem Spiel jede dramatische Funktion.

Es scheint, daß die neuen Spielpläne ein stärkeres Interesse an klassischen Stücken und an Werken mit historischen Themen bekunden. Aber die fremden Dramatiker haben es schwer, sich durchzusetzen. Brecht gilt als Formalist, und weder Sartre noch Büchner haben Aussicht, in Rußland aufgeführt zu werden. In der Tat steht das sowjetische Theater in schärfstem Gegensatz zu dem von Sartre geforderten aktiven Engagement: es ist nicht „engagiert", sondern gelenkt, und es dient nicht dazu, die Welt zu verändern, wie Brecht es wollte, sondern den status quo zu erhalten. Damit aber hebt das Drama sich selbst auf.

DIE POESIE DES NICHTS

In der Geschichte des Dramas sind rapide Veränderungen der geistigen und thematischen Grundlagen, Stilzerfall und Auflösung der Strukturelemente keine Seltenheit. Zwischen der Orestie des Aischylos und den „Fröschen" des Aristophanes liegen nicht mehr als fünfzig Jahre; in ebenso kurzer Zeit folgten auf Marlowes „Faustus" und Shakespeares „König Lear" der „Edelmann als Tanzmeister" von Wycherley und „Der alte Junggeselle" von Congreve. Wenn man sich heute an die Dramatiker der letzten Jahrhundertwende, an Ibsen, Hauptmann und Shaw, oder auch an die Expressionisten und ekstatischen Sozialrevolutionäre der zwanziger Jahre wie Kornfeld und Toller erinnert, kann man einen ähnlichen Umbruch feststellen. Doch der Einschnitt scheint tiefer zu sein, die Entwicklung schneller zu verlaufen, die Mode rascher zu wechseln als je zuvor. So sind etwa die politisch orientierten Dramen des jüngeren Jean Paul Sartre mitsamt dem Programm eines engagierten Theaters schon veraltet, und Thornton Wilders kosmische Revue vom davongekommenen Kleinbürger ist fast ganz von der Bühne verschwunden. Gewiß kann man als Grund dafür anführen, daß die Kriegsatmosphäre, unter deren Nachwirkung solche Stücke entstanden sind, sich in Dunst aufgelöst hat und mit ihr die Aktualität der Stoffe. Offenbar aber haben nicht nur die Themen selbst ihre Bedeutung für uns verloren. Die Zersetzung reicht tiefer, sie ergreift das ganze Handlungsgefüge und das Menschenbild, das ihm zugrunde liegt. Wie könnte man es sonst erklären, daß auch Brechts episches Theater mit seinen lebensnahen Figuren gegenüber den von aller Materie gelösten Gedankenspielen eines Ionesco oder Beckett schon leicht verstaubt wirkt? Daß so plastisch gezeichnete Typen wie die Mutter Courage, Herr Puntila und sogar der Galileo Galilei zwar noch als klassische Gestaltungen einer dichterischen Vision, aber nicht mehr als Repräsentanten des Geistes unserer Zeit erscheinen? Hier spielen andere und bedeutsamere Faktoren mit als das bloße Verschwinden eines aktuellen Anlasses wie in Sartres ersten Stücken oder gar in Zuckmayers melodramatischer Historie von „Des Teufels General". Sie hängen zusammen mit der Erkenntnis, daß die vieldimensionale und gleichzeitig in Atome zersplitterte Welt, in der wir leben, weder durch Ideologien eingefangen noch in der Form einer logisch aufgebauten Aktion im Schauspiel dargestellt werden kann. Das überkommene Schema einer „konkreten" Handlung erweist sich als eine falsche und viel zu bequeme Vereinfachung der Lage des Menschen.

Es kommt hinzu, daß alle sozialen Utopien, aus denen nicht nur marxistische Dramatiker wie Brecht ihren Impuls empfingen, durch die historische Entwicklung gründlich entzaubert worden sind. Ihr Zusammenbruch hat die Stückeschreiber dem Publikum gegenüber in die Defensive gedrängt. Die „Kinder des wissenschaftlichen Zeitalters", auf deren Einsicht und Elan Brecht so fest vertraute, machen von ihrer Vernunft einen ganz anderen Gebrauch, als er es sich vorstellte. Durch Erfahrungen belehrt, bleiben sie jedem direkten moralischen Appell gegenüber skeptisch. Für sie gilt, was Valérys Faust dem altmodisch gewordenen Teufel klar macht: „... Diese ... Leute sündigen, ohne es zu wissen, ohne etwas dabei zu finden; sie haben keine Vorstellung von der Ewigkeit, sie setzen ihr Leben tagtäglich zehnmal aufs Spiel, um sich an ihren neuen Maschinen zu ergötzen, und sie vollbringen tausend Zauberkunststücke, die deine Magie sich niemals träumen ließe." Konkreter ausgedrückt: das Publikum von heute bildet eine wertindiffe-

rente Masse, in der jeder einzelne den Schutz der Anonymität genießt und zugleich die Isolation und Verlorenheit seines Ichs durch mechanische Belustigungen zu durchbrechen
sucht. Die gesellschaftlichen Widersprüche werden als un-
aufhebbar hingenommen. Will der Dramatiker sie ins Bewußtsein zurückrufen, so muß er die Vorstellung einer
gleichsam gefrorenen, durch keine Anstrengung zu ändern-
den Wirklichkeit erschüttern, indem er die Perspektiven
verschiebt oder sie bis ins Unendliche erweitert. Es entsteht
eine Gegenwelt, in der die gewohnten Konventionen aufgehoben sind – eine Art von Prosperos Insel, aber ohne
romantische Verzauberung, ohne den freundlichen Geist
Ariel.

In anderer Form als bei den Nachfolgern Baudelaires
und den späteren französischen Surrealisten ist die Zerstörung der massiven Dingwelt, mit der die sozialen Mora-
listen sich herumschlagen, in den Mysterienspielen August
Strindbergs vorgebildet. Unter dem doppelten Einfluß
der beiden Richtungen hat sich der moderne Stil der
tragischen Groteske entwickelt. Strindbergs einsame Traum-
phantasien sind zu Albträumen einer ganzen Gesellschaft
geworden, und die Poetisierung der Objekte, die Cocteau
sich zum Ziel gesetzt hatte, ist der Poetisierung des Nichts
gewichen.

Vom Standpunkt der traditionellen Ästhetik aus könnte
man fragen, ob damit nicht der Sinn des Dramas als eines
Kampffeldes widerstreitender Kräfte aufgehoben und die
gesellschaftliche Funktion des Theaters zerstört wird. Doch
die Frage geht am Kern des Problems vorbei. Wenn eine
Auseinandersetzung mit dem amorphen Gebilde der gesellschaftlichen Realität nicht mehr möglich ist, wird der einzelne, der keinen Gegenspieler mehr findet, auf sich selbst
zurückgeworfen. Der Konflikt verlagert sich von außen nach
innen, die Auseinandersetzung vollzieht sich im Bewußtsein des privaten Ichs, das jede Verbindung zur Welt ver-

loren hat. In der Prosa-Erzählung, deren Form immer deutlicher zum Ich-Roman hindrängt, kann diese ausweglose Situation noch mitgeteilt werden, weil der Leser als einzelner angesprochen wird. Im Theater fehlt eine so intime Beziehung zwischen Dichter und Zuschauer. Man müßte also fragen, ob die Konflikte des einsamen, weltlosen Ichs überhaupt noch dramatisch, das heißt als Spiel auf der Bühne, dargestellt werden können. Wenn man unter „Drama" eine zielgerichtete Handlung versteht, so ist das sicher nicht möglich – es sei denn in der zweifelhaften Form eines Doppelgänger-Dramas. So erklärt es sich, daß die modernen Stückeschreiber den Dialog nicht mehr als Mittel einer menschlichen Verständigung betrachten. Ionesco setzt die Reden seiner Personen aus lauter absurden Sentenzen zusammen, von denen er sagt: „Sie sind die Grundlage für eine gesprochene Pantomime und erhalten ihre Bedeutung nur durch den Ton und die Gesten des Schauspielers, der das Stück als eine Komödie oder eine Farce oder sogar als Melodrama auffassen kann." Durch diese Methode wird die Sinnlosigkeit des konventionellen Sprachklischees entlarvt, zugleich aber auch der Zugang zu einem phantastischen Gespensterreich eröffnet, in dem das ohnmächtige Ich seine Wunschvorstellungen verwirklichen kann.

In der tragischen Farce „Die Stühle" ist es Ionesco am besten gelungen, diese „versetzte" Realität auf die Bühne zu bringen. Die Personen des Stücks sind zwei alte Leute, die sich einbilden, vor einer Versammlung von hohen Gästen zu stehen, denen sie eine Botschaft überbringen wollen. Sie schleppen Stühle herbei und unterhalten sich mit den eingebildeten Anwesenden:

FRAU

Was sind das alles für Leute? Programm, wer möchte ein Programm, Schokoladeneis ...

MANN

Nicht drängen. Ruhe ... langsam ... Ruhe ... Was soll
das? Ihr seid doch keine Wilden.

FRAU *ruft nach ihm*

Schätzchen, ich sehe dich nicht mehr ... wo bist du?
Wer ist das hier alles? Was wollen diese Leute bloß? Wer
ist das denn?

MANN

Wo bist du? Semiramis, wo bist du?

FRAU

Schätzchen, wo bist du?

MANN

Hier am Fenster ... hörst du mich?

FRAU

Ja, ich höre deine Stimme ... Es sind so viele ... aber
deine kann ich erkennen.

MANN

Und wo bist du?

FRAU

Ich bin auch am Fenster. Liebling, ich habe Angst, es sind
zu viele Leute da ... wir sind so weit auseinander ... in
unserem Alter müssen wir vorsichtiger sein ... wir könnten uns verlieren ... Wir müssen ganz nah beieinander
bleiben, Schätzchen ... man weiß nie, Schätzchen ...
Schätzchen ...

MANN

Ah, jetzt sehe ich dich ... oh, wir sehen uns wieder, hab
keine Angst ... ich bin bei Freunden ...

Zu den Freunden

Ich bin so froh, euch die Hand zu drücken ... Aber ja,
ich glaube an den Fortschritt, ununterbrochen, mit Rück-
schlägen, trotzdem, trotzdem ...

FRAU

Danke, es geht. Was für ein schlechtes Wetter, wie schön
ist es.

Beiseite

Ich habe trotzdem Angst ... was tue ich hier?
Sie schreit
Schätzchen, Schätzchen!
Beide sprechen mit den Gästen
MANN

Um zu verhindern, daß der Mensch den Menschen aus-
nutzt, braucht man Geld, Geld und nochmals Geld.
FRAU

Sehen Sie, es gibt auch glückliche Menschen. Morgens
frühstücken sie im Flugzeug, am Mittag essen sie in der
Eisenbahn, am Abend auf einem Schiff. Und nachts schla-
fen sie in Lastwagen, die rollen, rollen, rollen ...
MANN

Sie sprechen von der Würde des Menschen? Versuchen
wir doch wenigstens, das Gesicht zu wahren. Die Würde
ist nur sein Rücken .....
FRAU

Er sieht so nach Borgen aus. Er schuldet uns noch viel
Geld.
MANN

Ich bin nicht ich selbst. Ich bin ein anderer. Ich bin der
eine im anderen ...
FRAU

Kinder, nehmt euch voreinander in acht.
MANN

Manchmal erwache ich inmitten eines völligen Schwei-
gens. Das ist das Absolute. Das ist die Sphäre. Nichts
fehlt ... doch man muß vorsichtig sein. Ihre Form kann
ganz plötzlich verschwinden. Es gibt Löcher, durch die
sie einfach hindurchfällt.
FRAU

Gespenster sehen Sie, Phantome, Taugenichtse ... mein
Mann übt sehr wichtige Funktionen aus ... erhabene ...
MANN

Ich bitte um Entschuldigung, ich bin ganz und gar nicht
dieser Meinung! ... Wenn es an der Zeit ist, werde ich

Ihnen meine Ansicht in dieser Sache ... Im Augenblick
sage ich nichts! ... Der Redner, auf den wir warten, wird
es Ihnen sagen, er wird für mich antworten, alles was
uns am Herzen liegt ... Er wird Ihnen alles erklären ...
Wann? ... Wenn der Augenblick gekommen sein wird
... der Augenblick wird bald kommen ...

FRAU *an seiner Seite zu den Freunden*

Je eher, um so besser ...

Beiseite

Sie werden uns nicht mehr in Ruhe lassen. Sie sollen
fortgehen! ... Mein armer Liebling, wo ist er nur, ich
sehe ihn nicht mehr ...

MANN

Werden Sie nicht ungeduldig, Sie werden meine Botschaft schon hören, nachher ...

FRAU *zu den Leuten auf ihrer Seite*

Ja, ich höre seine Stimme. Wissen Sie, mein Mann blieb
immer unverstanden. Aber jetzt ist seine Stunde gekommen.

MANN

Hören Sie, ich habe reiche Erfahrungen – auf allen Ge-
bieten des Lebens, des Denkens ... ich bin kein Egoist.
Die Menschheit soll dessen teilhaftig werden.

FRAU

He, Sie treten mir auf die Füße ... ich habe Frostbeulen.

MANN

Ich habe ein ganzes System aufgebaut.

Zur Seite

Der Sprecher müßte doch schon da sein.

Laut

Ich habe furchtbar gelitten.

FRAU

Wir haben viel gelitten.

Zur Seite

Der Redner müßte doch schon da sein. Es ist längst Zeit.

MANN

Viel gelitten, viel gelernt.

FRAU

Viel gelitten, viel gelernt.

MANN

Sie werden selbst sehen. Mein System ist vollkommen.

FRAU *wie ein Echo*

Sie werden selbst sehen. Sein System ist vollkommen.

MANN

Wenn man meine Anweisungen genau beachtet.

FRAU

Wenn man seinen Anweisungen folgt.

MANN

Retten wir die Welt.

FRAU

Seine Seele retten, indem man die Welt rettet.

MANN

Eine Wahrheit für alle.

FRAU

Eine Wahrheit für alle.

MANN

Gehorchen Sie mir.

FRAU

Gehorchen Sie ihm.

MANN

Denn ich habe die absolute Gewißheit.

FRAU

Er hat die absolute Gewißheit.

MANN

Niemals ...

FRAU

im großen Niemals ...

Als der Redner schließlich erscheint, hat sich die Illusion der beiden Alten erfüllt. Mit den Worten „Wir werden nicht vergessen sein. Der ewige Kaiser wird sich immer an uns erinnern. Vereint in Zeit und Ewigkeit ... sterben wir im selben Augenblick" stürzen sie sich zusammen aus dem Fenster. Doch der Redner, dem sie ihre Botschaft hinterlassen haben, ist stumm.

Nicht immer glückt es Ionesco, das prekäre Gleichgewicht zwischen Groteske und Tragödie so vollkommen einzuhalten wie in den „Stühlen". Im „Opfer der Pflicht" steigt ein Mann, geführt von einem Polizisten und seiner sensationslüsternen Frau in die Vergangenheit hinab, in sein unbewußtes Leben. Aber dieser Gang zu den Müttern endet mit dem Sturz des Mannes in den Papierkorb, der die Wirklichkeit des Lebens symbolisiert. Der beabsichtigte drastische Effekt verpufft, weil der banale Ausgang des Abenteuers weder komisch noch tragisch wirkt, sondern nur lächerlich.

Ionesco benutzt die Gelegenheit, um seine eigene Auffassung des Stücks darzulegen: „Wir geben das Prinzip der Identität und der Einheit der Charaktere auf, zugunsten der Bewegung, zugunsten einer dynamischen Psychologie ... wir sind nicht wir selbst ... die Persönlichkeit existiert nicht. In uns gibt es nur sich widersprechende oder sich nicht widersprechende Kräfte ... Keine Dramen, keine Tragödien mehr. Das Tragische wird komisch, das Komische ist tragisch ..." Dem Zuschauer sollen also keine Gestalten gezeigt werden, die er in der Wirklichkeit wiederfinden kann, sondern abstrakte Typen ohne persönliche Identität. Er wird gleichsam aufgefordert, aus unzusammenhängenden Fragmenten ein Ganzes zu bilden wie in einem Kreuzworträtsel. Das gilt vor allem für das ausdrücklich „Anti-Stück" genannte Werk „Die kahle Sängerin", in dem die Dialogfetzen monoton vor sich hin schwätzender Figuren ohne Verbindung miteinander in der Luft hängen. Die Enträtselung des Chiffrespiels erfordert eine erhebliche intellektuelle Anstrengung, auf der anderen Seite aber wird gerade dieses Bemühen durch die scheinbar willkürliche Dynamik der marionettengleich sich bewegenden Figuren entwertet. Auf diese Weise kommt eine Gleichung zwischen der Irrationalität der Stücke und der Irrationalität der Welt, in der wir existieren, zustande. Die unverstehbare Handlung spiegelt die Unverstehbarkeit der Welt.

Tatsächlich ist das einzige, was von beiden erfaßt werden kann, die bloße Bewegung. Sie ist nicht nur ein ästhetisches Schauspiel. Ihr Ziel ist hintergründig genug in der Grausamkeit angedeutet, mit der Ionesco dem Spiel seiner Gestalten ein Ende bereitet. Über den meisten Stücken liegt der Schatten des Todes. Die Personen bringen einander um oder sie begehen Selbstmord. Am deutlichsten tritt diese düstere und hinter Clownereien drohend versteckte Komponente in dem Drama „Mörder ohne Bezahlung" hervor. In diesem Werk läßt sich sogar eine Handlung erkennen. Ein Mann namens Behringer hört, daß in der schönsten Gegend der Stadt, im Sonnenviertel, ein Mörder haust, dem schon viele junge Mädchen zum Opfer gefallen sind und der auch Behringers Geliebte umbringt. Behringer zieht aus, um den Tod seiner Freundin zu rächen. Doch als er dem Mörder begegnet, sieht er die Vergeblichkeit seiner Bemühung ein. Er versucht, den Mörder von der Sinnlosigkeit des Tötens zu überzeugen; er führt alle möglichen ethischen und religiösen Gründe gegen ihn ins Feld, ohne ihn zum Sprechen bringen zu können oder gar zu erschüttern. Die moralische Predigt wird zu einem verzweifelten Monolog, der mit den Worten endigt: „Möglich, daß das Leben des Menschengeschlechts unwichtig ist, also auch sein Verschwinden. Das ganze Universum ist vielleicht nutzlos, und Sie haben vielleicht recht, es auseinander sprengen zu wollen – oder wenigstens daran zu nagen, Geschöpf für Geschöpf, Stück für Stück ... Vielleicht dürfen Sie das auch nicht, *ich weiß es selbst nicht mehr.*" Hier wird hinter der täuschenden Fassade des „absurden" Spiels ein tragisches

Motiv sichtbar, das in individuell abgewandelter Form auch
bei anderen modernen Dramatikern wiederkehrt, vor allem
bei dem Spanier Fernando Arrabal und bei Samuel Beckett.

Der kaum dreißigjährige Arrabal hat eine Reihe von
kurzen Stücken geschrieben, die durch ihre geradezu naive
Grausamkeit schockieren. Manche Szenen erinnern an die
drastischsten Erfindungen des Marquis de Sade: Frauen,
die ihren Mann der Polizei denunziert haben, sehen in Gegenwart ihrer Söhne den Qualen des Gefolterten zu („Die
beiden Henker"); ein Mädchen, von ihrem Geliebten anderen Männern ausgeliefert, wird zu Tode gemartert
(„Fando und Lis"); Radfahrer verkleiden sich als Polizisten
und „liquidieren" im besten Nazi-Stil einen Mann, den sie
nicht kennen („Der Auto-Friedhof"). Arrabal kontrastiert
diese schaurlichen Vorgänge mit der hohlen Pathetik sittlicher Normen, die sich in der Welt, wie sie ist, längst als
ohnmächtig herausgestellt haben. Er erweist sich, wie
Ionesco, als ein heimlicher Moralist. In seinem bekannte-
sten, auch in Deutschland aufgeführten Stück, „Picknick im
Felde", entlarvt er die Absurdität einer Gesellschaft, die
sogar den Krieg verniedlicht und sich mit spießigen Ver-
gnügungen über das große Morden hinwegzutäuschen sucht.
Der Ort der Handlung ist bezeichnenderweise ein Schlacht-
feld. Ein Soldat, der allein im Schützengraben liegt, sehnt
sich nach Gesellschaft. Während der Krieg ringsum tobt,
erscheinen wie von ungefähr seine Eltern, als befänden sie
sich auf einem Ausflug, mit Grammophon und Picknick-
korb. Sie behandeln ihren Sohn wie ein Kind, fragen ihn,
ob er sich auch die Ohren gewaschen und ob er seine Klei-
der gebürstet habe. Als Granatfeuer einsetzt, spannen sie
einen Sonnenschirm auf, spielen Grammophon und halten
eine kleine Mahlzeit. Sie benehmen sich, unbekümmert um
die Gefahr, wie sie es gewohnt sind. Als ein paar Sanitäter
kommen, die Tote bergen wollen, bedauern die Herrschaften, in ihr Picknick vertieft, ihnen nicht dienen zu können,

da man im Augenblick keine Leichen vorrätig habe. So geht es weiter, bis wieder Granatfeuer einsetzt und die ganze Picknick-Gesellschaft getötet wird. Die Sanitäter erscheinen zum zweiten Mal und sind befriedigt, weil sie ihre Leichen gefunden haben. In diesem makabren Genrebild Arrabals wird die Schizophrenie unserer Bewußtseinslage auf groteske Weise sichtbar. Man fühlt sich an gewisse Szenen bei Dürrenmatt erinnert, in denen die Komödie in ihr Gegenteil umschlägt. „Unsere Welt", sagt Dürrenmatt, „hat ebenso zur Groteske geführt wie zur Atombombe ... Das Groteske ist nur ein sinnlicher Ausdruck, ein sinnliches Paradox, die Gestalt, nämlich die Ungestalt, das Gesicht einer gesichtslosen Welt."

Genau dieses Paradox bezeichnet die Sphäre, in der die Figuren Samuel Becketts existieren, aber hier wird es auf die metaphysische, nicht auf die historisch gegebene Beschaffenheit der „Welt" bezogen. Beckett konfrontiert den Menschen mit dem Absoluten – wenn man will: mit dem Nichts, dem er einmal den höchsten Grad der Realität zugesprochen hat. Das Grundmotiv ist die Vergänglichkeit, die durch keine Anstrengung des Denkens überwunden werden kann. Sie wird als Zustand, nicht etwa als rein zeitlicher Ablauf aufgefaßt, denn „das Ende ist schon im Anfang". Es gibt für Becketts Gestalten keine „Entwicklung" oder höchstens im Sinn einer ewigen Wiederkehr des Gleichen, das indessen nie in der gleichen Form sich wiederholt. Die Personen der Stücke und Hörspiele sind weder Individuen noch Typen; am ehesten könnte man sie als austauschbare Sinnfiguren der Menschheit und ihrer unvollkommenen Kräfte bezeichnen. Sie leben am Rande eines unsichtbaren Abgrundes, aus dem Rufe und Stimmen zu ihnen dringen, die sie nicht verstehen. Die Leere, die sie umgibt, suchen sie mit den Trugbildern ihrer sehnsüchtigen Phantasie auszufüllen, aber ihr endloses, zwanghaftes Gerede enthüllt nur die Sinnlosigkeit aller Worte. In den Dialogen wird die Sprache gleichsam von innen heraus zerstört. Beckett setzt in rhythmischer Folge zwei Redeweisen gegeneinander, von denen eine die andere aufhebt. Die Gestalten versuchen, sich in ganz banaler Prosa über ihre Lage und ihre körperlichen Bedürfnisse zu unterhalten, aber allmählich lösen die halbwegs logisch gefügten Sätze sich auf und gehen, da die Vernunft versagt, in unerwartete Assoziationen über. Poetisch klingende Wortfetzen bleiben eine Weile in der Luft hängen, wiederholen sich und vergehen dann ganz. Die Personen verstummen, als ob sie auf etwas Unaussprechliches gestoßen wären, das sich trotz aller Anstrengung nicht einfangen läßt. Nach jedem „Schweigen" beginnt das gleiche Spiel von neuem, ohne daß wirklich etwas gesagt würde. Besonders deutlich wird dieses Stilprinzip in „Warten auf Godot", so etwa in der folgenden Szene:

WLADIMIR

Was sollen wir tun?

ESTRAGON

Gar nichts. Das ist klüger.

WLADIMIR

Warten wir ab, was er uns sagen wird.

ESTRAGON

Wer?

WLADIMIR

Godot.

ESTRAGON

Ach ja.

WLADIMIR

Warten wir ab, bis wir genau Bescheid wissen.

ESTRAGON

Andererseits wäre es vielleicht besser, das Eisen zu schneiden, bevor es eiskalt ist.

WLADIMIR

Ich bin neugierig darauf, was er uns sagen wird. Es verpflichtet uns zu nichts.

ESTRAGON

Worum haben wir ihn eigentlich gebeten?

WLADIMIR

Warst du nicht dabei?

ESTRAGON

Ich hab nicht aufgepaßt.

WLADIMIR

Nu ja ... Eigentlich nichts Bestimmtes.

ESTRAGON

Eine Art Gesuch.

WLADIMIR

Ganz recht.

ESTRAGON

Eine vage Bitte.

WLADIMIR

Wenn du willst.

ESTRAGON

Und was hat er geantwortet?

WLADIMIR

Er würde mal sehen.

ESTRAGON

Er könne nichts versprechen.

WLADIMIR

Er müsse überlegen.

ESTRAGON

Mit klarem Kopf.

WLADIMIR

Seine Familie um Rat fragen.

ESTRAGON

Seine Freunde.

WLADIMIR

Seine Agenten.

ESTRAGON

Seine Korrespondenten.

WLADIMIR

Seine Register.

ESTRAGON
  Sein Bankkonto.
WLADIMIR
  Bevor er sich äußern könne.
ESTRAGON
  Das ist klar.
WLADIMIR
  Nicht wahr?
ESTRAGON
  Es scheint mir so.
WLADIMIR
  Mir auch.
  Schweigen
ESTRAGON *unruhig*
  Und wir?
WLADIMIR
  Wie bitte?
ESTRAGON
  Ich sagte, und wir?
WLADIMIR
  Ich verstehe nicht.
ESTRAGON
  Was ist unsere Rolle dabei?
WLADIMIR
  Unsere Rolle?
ESTRAGON
  Nimm dir Zeit.
WLADIMIR
  Unsere Rolle? . . .: Bettler!
ESTRAGON
  Soweit ist es gekommen?
WLADIMIR
  Hat der Herr Ansprüche geltend zu machen?
ESTRAGON
  Haben wir keine Rechte mehr?

Lachen Wladimirs, das er plötzlich unterbricht, wie vorher schon einmal

WLADIMIR

Du würdest mich zum Lachen bringen, wenn ich es wagen könnte.

ESTRAGON

Wir haben sie verloren?

WLADIMIR *klar und deutlich*

Wir haben sie verschleudert.

. . . . .

Du bist schwer zu nehmen, Gogo.

ESTRAGON

Wir sollten lieber auseinandergehen.

WLADIMIR

Das sagst du immer. Und jedesmal kommst du wieder.

Schweigen

ESTRAGON

Das Beste wäre, mich zu töten, wie den anderen.

WLADIMIR

Welchen anderen?

Pause

Welchen anderen?

ESTRAGON

Wie Millionen andere.

WLADIMIR *betonend*

Jedem sein Kreuzchen.

Er seufzt

Bis man begraben ist . . .

Pause

. . . und vergessen.

ESTRAGON

Bis dahin wollen wir uns ganz ruhig unterhalten, weil wir doch nicht schweigen können.

WLADIMIR

Du hast recht. Wir sind unerschöpflich.

ESTRAGON
Um nicht denken zu müssen.

WLADIMIR
Wir haben Entschuldigungen dafür.

ESTRAGON
Um nicht hören zu müssen.

WLADIMIR
Wir haben unsere Gründe.

ESTRAGON
All die toten Stimmen.

WLADIMIR
Die rauschen wie Flügel.

ESTRAGON
Wie Blätter.

WLADIMIR
Wie Sand.

ESTRAGON
Wie Blätter.
Schweigen

WLADIMIR
Sie sprechen alle durcheinander.

ESTRAGON
Jede für sich.
Schweigen

WLADIMIR
Sie flüstern vielmehr.

ESTRAGON
Sie murmeln.

WLADIMIR
Sie rauschen.

ESTRAGON
Sie murmeln.
Schweigen

WLADIMIR
Was sagen sie?

ESTRAGON
Sie sprechen über ihr Leben.

WLADIMIR

Es genügt ihnen nicht, gelebt zu haben.

ESTRAGON

Sie müssen darüber sprechen.

WLADIMIR

Es genügt ihnen nicht, tot zu sein.

ESTRAGON

Das genügt nicht.

Schweigen

WLADIMIR

Es ist wie das Rauschen von Federn.

ESTRAGON

Von Blättern.

WLADIMIR

Von Asche.

ESTRAGON

Von Blättern.

Lange Pause

WLADIMIR

Sag doch was!

ESTRAGON

Ich suche.

Lange Pause

WLADIMIR *beängstigt*

Sag doch irgendwas.

ESTRAGON

Was sollen wir jetzt machen?

WLADIMIR

Wir warten auf Godot.

ESTRAGON

Ach ja.

Die Worte „Was sollen wir tun? – Gar nichts. Das ist klüger." durchziehen wie ein Leitmotiv das ganze Stück. Wladimir und Estragon sind dazu verurteilt, einander die Wirklichkeit ihrer Existenz zu beweisen, aber sie suchen vergeblich nach einem Inhalt, den sie sich mitteilen könnten. Was sie sprechen, verweht im Wind, und was sie tun, hinterläßt keine Spur. Jeder Ausdruck verfälscht ihr wahres Sein. Als Worte stehen ihnen nur Gemeinplätze zur Verfügung; sie müssen ihre Reden herunterleiern wie eine Strafaufgabe. Ihre Kräfte reichen nicht dazu aus, den Nebel zu durchdringen, der sie daran hindert, „die zu sein, die sie seit jeher zu sein verdammt sind". Da sie aus der Sprache nichts über sich erfahren können, müssen sie sich auf ihre Sinneseindrücke und ihre Gliedmaßen verlassen. Doch ihre Augen zeigen ihnen nur ständig sich verändernde Bilder, aus denen sie so wenig klug werden wie aus den wechselnden Formen der Natur; in ihren Ohren mischen sich ferne und nahe Geräusche, die einander übertönen; sie riechen einmal dies und einmal das, ohne zu wissen, was es ist und woher der Geruch kommt. Mit ihren Gliedmaßen steht es nicht besser, sie gehorchen ihnen nicht, sie machen sich selbständig, vergnügen sich mit Kapriolen oder erkranken, wann es ihnen paßt. Alles, was ihr Körper ihnen anzeigt, ist sein langsamer Verfall. Er weiß nur eins, dieser Leib: daß er noch da ist in seinem morschen Kasten – und vielleicht noch dies: daß er nur dann seiner wahren Existenz sich nähern wird, wenn die letzten Täuschungen des Lebens von ihm abgefallen sind.

Das Dasein der Figuren ist ein ständiges Suchen nach ihrer eigenen Identität. Der solipsistische Kreis wird nur durchbrochen durch das Bedürfnis, sich in der Beziehung zum anderen zu erkennen – das heißt aber, sich fremdes Leben anzueignen, um sich des eigenen zu versichern. Darin liegt der Sinn der eigentümlichen Technik Becketts, seine Gestalten gleichsam in zwei Personen zu spalten, wobei sich die Paare meistens in einem Über- und Unterordnungsverhältnis gegenüberstehen. Der „Herr" kommt von seinem „Knecht" sowenig los, wie dieser von ihm. Der brutale Pozzo in „Warten auf Godot" ist mit dem Sklaven

Lucky durch ein Seil verbunden, und im „Endspiel" sind Clov (der „Nagel") und Hamm (der „Hammer") durch ein unzerreißbares Band aneinander gefesselt. Dennoch bleibt die Entfernung zwischen den komplementären Ich-Figuren unüberbrückbar. Nur in der Liebe kann sie für einen kurzen Augenblick aufgehoben erscheinen, aber dieser selige Moment läßt sich nicht festhalten – oder doch nur als leblose, mechanische Reproduktion auf einem Tonband, wie in „Das letzte Band". Alles, was übrigbleibt, sind Worte, mit denen man sich über das Alleinsein hinwegtröstet. Diese ausweglose Situation bildet den Vorwurf in Becketts letztem Stück „Glückliche Tage". Das szenische Bild ist bezeichnend: eine Frau, die bis zur Brust in einem Erdhaufen steckt wie in ihrem Grabe, schwätzt vor sich hin und wartet auf Antwort von ihrem alten, längst impotent gewordenen Liebhaber, der, für die Zuschauer unsichtbar, hinter dem Hügel liegt. Ein Ausschnitt aus dem Text mag die unheimliche Verlassenheit der beiden Kreaturen verdeutlichen:

WINNIE

Ah ja, wenn ich es nur ertragen könnte, allein zu sein, ich meine so daherzuplappern, ohne eine Seele in der Nähe.
Pause
Nicht daß ich mir einbilde, du hörtest viel, nein Willie, da sei Gott vor.
Pause
Tage vielleicht, an denen du nichts hörst.
Pause
Aber auch Tage, an denen du antwortest.
Pause
So daß ich jederzeit sagen kann, selbst wenn du nicht antwortest und vielleicht nichts hörst: Etwas davon wird gehört, ich spreche nicht nur mit mir selbst, das heißt in

der Wildnis, eine Sache die ich niemals ertragen könnte
– für längere Zeit.

Pause

Das ist es, was mich weitermachen läßt, weiterreden,
meine ich.

Pause

Aber wenn du sterben würdest –

Lächeln

– um die alte Ausdrucksweise zu gebrauchen –

Lächeln weg

– oder fortgehen und mich zurücklassen würdest, was
täte ich dann, was könnte ich tun, den ganzen Tag lang,
ich meine zwischen der Klingel zum Aufstehen und der
Klingel zum Schlafengehen?

Pause

Einfach vor mich hinstarren mit zusammengepreßten Lippen.

Lange Pause während sie es tut. Kein Graszupfen mehr

Kein Wort mehr so lange ich noch Atem hole, nichts,
was die Stille dieses Ortes unterbricht.

Pause

Ausgenommen, dann und wann, nur dann und wann,
ein Seufzer in meinen Spiegel.

Pause

Oder ein kurzer ... Lachanfall, wenn ich zufällig wieder
den alten Witz erblicke.

*Pause. Lächeln erscheint, breitet sich aus und scheint in ein Ge-
lächter zu münden, als es plötzlich von einem Ausdruck der
Angst verdrängt wird*

Mein Haar!

Pause

Habe ich mein Haar gebürstet und gekämmt?

Pause

Vielleicht hab ich's.

Pause

Gewöhnlich tu ich's.
Pause
Es gibt so wenig, was man tun kann.
Pause
Man tut es alles.
Pause
Alles was man kann.
Pause
's ist nur menschlich.
Pause
Natur des Menschen.
Sie beginnt den Hügel zu inspizieren, sieht auf
Natürliche Schwäche.

Natürlich führt aus dieser erstorbenen Welt kein Weg in den Daseinsbereich zurück, den wir unsere alltägliche Wirklichkeit nennen. Daher kommt es, daß Beckett von allen Verteidigern positiver Lebensideale als „Nihilist" verschrien und sogar des sentimentalen Mitleids mit sich selbst bezichtigt wird. Doch in seinem Werk stehen nicht die Gesellschaft oder der naive Fortschrittsglaube unserer Zeit, sondern die Existenz selbst in Frage, und den Verdacht der Sentimentalität widerlegt Beckett durch die glasklare Präzision seines Stils.

Weit eher könnte man einen anderen Meister des „undramatischen Theaters", Georges Schéhadé, zu den empfindsamen Poeten rechnen. Im Gegensatz zu Beckett vertraut Schéhadé der magischen Kraft des Worts; er läßt sich von der Sprache in ein Phantasiereich tragen, in dem alle Dinge ihre Schwere verlieren und die Natur in ihrer ursprünglichen Reinheit erstrahlt. Schéhadé lauscht auf das Säuseln der Blätter im Wind und auf das Gemurmel der Bäche; er hört das Echo, das, wie er sagt, „mit riesigen Kniebeugen von den Hügeln herabsteigt", und läßt es als ferne Begleitmusik in den Worten seiner Gestalten mitschwingen. Er

bringt einen ganz neuen Ton in den Dialog, der viel unter-
gründiger ist als Giraudoux' mit Ironie durchsetzte Poetik
oder Claudels religiös gefärbte Romantik. Die Gestalten
dieses Dichters, der in Alexandria geboren ist und in Beirut
lebt, scheinen aus einer orientalischen Märchenwelt zu
stammen. Man sieht nächtliche Jäger, die im Wald um-
herstreifen, um sich am Gezwitscher der Vögel zu erfreuen,
einen Verkäufer von Knöpfen, der Erdbeere heißt und
seine Knöpfe für heilige Medaillen hält, oder alte Damen,
die wie verwelkte Blumenblätter vom Wind über die Häuser hinweggetragen werden. Trotz ihrer Verzauberung aber
bleiben diese phantastischen Figuren im Grunde ihres Wesens ganz real. Es sind einfache Menschen, Tischler und Fri-
seure, Matrosen und Bäcker; aber auch kleine Prinzessinnen
und Könige ohne Land finden in Schéhadés poetischem
Universum ihren Platz. Sie leben in einer doppelten Wirklichkeit. Ihr materielles Dasein wird von einem Traum-
reich überglänzt oder überschattet, und nur ihre Erden-
schwere hindert sie daran, in die paradiesische Sphäre zu-
rückzukehren, in der sie einst beheimatet waren. Dieses
Gleichnis vom verlorenen Paradies klingt in allen Werken
Schéhadés an. Daher rührt der Ton einer leisen, aber deutlich fühlbaren Tragik, die sich hinter der lyrischen Ausdrucksform verbirgt.

Man spürt in Schéhadés Sprache die gleiche Unbedingt-
heit wie in den Dialogen Becketts. Beide Dichter rühren an
ein Mysterium, das sie in Worten nicht beschwören können,
weil es sich dem direkten Ausdruck entzieht. Damit aber
scheinen sie dem Theater mehr zuzumuten, als es leisten
kann. Becketts kunstvoll variierte Totentänze und Schéhadés dichterisch verklärtes Nirwana zeigen die Grenze an,
die der Poetisierung des Nichts in der Darstellung auf der
Bühne gesetzt sind.

Das Kräftefeld, in dem der Mensch heute steht, ist nur
noch als abstraktes Gebilde identifizierbar. Wir haben die

natürliche Umwelt durch eine technisch konstruierte ersetzt. Das wissen die abstrakten Maler, die Bühnenbildner
und die Musiker ganz genau – aber das Publikum weiß es
noch nicht. Es glaubt zum großen Teil immer noch an die
Plüschsofa-Existenz unserer Großväter. Der Bühnenaufbau
ohne Kulisse und mit offenem Hintergrund versucht dagegen die künstlich erdachte Umwelt zu symbolisieren. Die
Figur, die vor diesem Hintergrund auftritt, ist durch die
Anonymität ihres Daseins geprägt; in diesem Sinn bleibt
sie ebenfalls abstrakt, aber es gibt etwas in ihr, das die abstrakte Rolle als Rolle erkennt. Hier liegt der Ansatz zu
einer neuen anti-illusionistischen Form des Dramas.

ZWISCHEN TRADITION UND EXPERIMENT

Wie jedes Kunstwerk, gibt die dramatische Komposition nur ein Gedächtnisbild bestimmter Erfahrungen, niemals aber die objektive Wirklichkeit wieder. In der bewußten oder unbewußten Auswahl des Erlebten und im Schauspiel Nachgebildeten macht sich der Einfluß gesellschaftlicher Konventionen und Ideologien aufs stärkste bemerkbar. Sie bestimmen, was als „Wirklichkeit" aufgefaßt werden soll und was nicht. Ein eklatantes Beispiel dafür ist das Dogma des sozialistischen Realismus, wie er von Georg Lukács und anderen kommunistischen Theoretikern vertreten wird. Lukács will die Darstellung des Menschen auf seine Klassenlage reduzieren, weil sich in ihr der objektive Gehalt der sozialen Beziehungen ausweise. Es gibt jedoch einige Faktoren, die sich in dieses Schema nicht hineinbringen lassen und deswegen gleichsam auf Geheiß der Gesellschaft verdrängt werden: etwa die natürliche Spanne zwischen Geburt und Tod oder das Problem der Generationen, des Alterns und der Krankheit, und vor allem die Triebstruktur des Menschen, die ja nicht ganz leicht von der Klassenlage abhängig zu machen ist. Nun kann der Dramatiker natürlich sagen, er wolle diese nicht in das Schema passenden Faktoren ausschalten und alles aus dem Klassenkampf heraus erklären, dann habe er eine Realität gefunden, die er auf der Bühne darstellen könne. Man kann aber auch umgekehrt argumentieren und behaupten, das Unveränderliche in der menschlichen Natur seien die Triebstruktur oder die Spannung zwischen Leben und Tod; dann komme man zu einem gleichbleibenden Bild des Menschen, das ebenfalls realistisch sei und in Bühnengestalten glaubhaft verkörpert werden könne. Es ist wohl nicht möglich, beide Auffassungen der Realität mit einander zu versöhnen, wie Brecht es in seinen späteren Stücken versucht hat. Hier muß sich der Dramatiker entscheiden. Gegen den sozialistischen Realismus spricht, daß der dramatische Künstler nicht gut alle außerwirtschaftlichen Aspekte der gesellschaftlichen Wirklichkeit, zum Beispiel die geschichtlichen Überlagerungen verschiedener Leitbilder oder die biologischen Bedingungen, einfach mißachten kann. Tut er das, und begnügt er sich mit einem politisch orientierten Kausalschema für die Deutung jenes komplexen Gebildes, in dessen Mitte der Mensch steht, so ist er nicht einmal ein Dichter, geschweige denn ein Dramatiker. Denn selbst wenn es möglich wäre, aus sämtlichen Kapitalisten der Welt einen einzigen Schurken, eine Art von synthetischem Franz Moor herzustellen, was bliebe dann für die Deutung der eigenen kommunistischen Wirklichkeit übrig? Es ist ja nicht so, daß die soziale Realität an gewissen geistigen und politischen Barrieren aufhört – im Gegenteil: gerade hinter solchen Barrieren existiert sie in der Form höchst massiver Spannungen. Man kann die dramatischen Talente, die es gewiß auch dort gibt, um den drastischen Anschauungsunterricht, den sie genießen, sogar beneiden. Doch anstatt dieses Spannungsfeld dramatisch auszunützen, bringen sie ideologisch gereinigte Kinderfibeln auf die Bühne. Sollte man nicht meinen, das Thema für den echten Dramatiker bestehe darin, zu zeigen, was die Menschen aus ihren Ideologien machen, wenn sie versuchen, sie in die gesellschaftliche Wirklichkeit umzusetzen? Das wäre doch erst ein wahrhaft „realistisches" Thema und zugleich in einem besonderen Sinne ein geschichtliches. Denn während der ganzen Geschichte der Menschheit ist es immer so gewesen, daß die Revolutionäre und Freiheitskämpfer sich in Despoten und Bürokraten verwandelt haben, und die Idealisten in Schelme. Man mag das beklagen – oder, wenn man Shakespeare ist, den Stoff zu großen Tragödien darin finden –, aber gewiß liefert nur die Besinnung auf diese elende Begrenztheit der menschlichen Natur das Fundament für einen Realismus, der sich auf die Erkenntnis der immer gleichen Lage gründet. Nun erwidern die Verfechter des sozialistischen Realismus – Lukács hat das einmal ausdrücklich betont –, daß es in der klassenlosen Gesellschaft keine tragischen Konflikte zwischen den Menschen mehr geben könne. Dieser abstrakte Optimismus steht offenbar in schärfstem Gegensatz zu dem tiefen Mißtrauen, das die nach dem neuen Menschenbild organisierte Gesellschaft jedem einzelnen ihrer Mitglieder entgegenbringt. Ein hochdramatischer Stoff; doch diese ganze Dimension der gesellschaftlichen Wirklichkeit mitsamt ihrem tragischen Selbstwiderspruch wird in dem angeblichen Realismus der Lehrstücke für ein gläubiges Publikum einfach übersprungen – nicht immer aus mangelnder Einsicht, wohl jedoch oft aus Respekt vor den herrschenden Gewalten, die sich nicht gerne als dramatis personae auf der Bühne wiedererkennen möchten. Man sollte diesen Tatbestand nicht dadurch verdecken, daß man von der Möglichkeit eines neuen Volkstheaters redet, nur weil man massenhaft Zuschauer findet, die sich über ihre gesellschaftliche Lage gern hinwegtäuschen lassen und vom Drama des Lebens nichts wissen wollen.

Das wahre Volkstheater ist immer gegen die strengen Konventionen der Gesellschaft gerichtet, in der es existiert, selbst wenn es sich so traditioneller Formen bedient wie das neapolitanische Theater Eduardo de Filippos. Sobald es allerdings aus reiner Vorliebe für das Historische versucht, nicht mehr wirksame Traditionen „poetisch" zu erneuern, muß es scheitern. William Butler Yeats, der äußerste Antipode des sozialistischen Realismus, hat das erfahren und erkannt. Sein freimütiger Bericht über diesen fehlgeschlagenen Versuch ist aufschlußreich. Yeats schreibt darin: „Wir dachten, das alte poetische Volksleben nach Dublin zurückzubringen und mit dem Volksleben das ganze Leben des Herzens. Doch die moderne Welt ist mächtiger als jede gute Absicht, und unser Erfolg besteht darin, daß wir ein Theater des Kopfes geschaffen haben ... Auch wenn Verse in unserem Theater als Poesie gesprochen wurden, schienen sie selbst in ihren höchsten Augenblicken noch immer fehl am Platz auf einer Bühne, wo die oberflächlichen Dinge so genau kopiert werden; denn Poesie gründet sich auf Konvention und wird sogleich unglaubhaft, wenn Malerei und Gestik uns daran erinnern, daß die Menschen nicht Verse sprechen, wenn sie einander auf der Straße begegnen." Den gleichen Einwand könnte man gegen die in Versen geschriebenen Stücke T. S. Eliots und die exaltierte Metaphorik Christopher Frys erheben. So scheint die idealistische Übersteigerung der dramatischen Form in nachempfundene oder weltlose Poesie ebenso bedenklich zu sein wie ihre radikale Bindung an eine materialistische Doktrin.

Yeats gibt der „modernen Welt" und ihrer „Kopie" auf der Bühne die Schuld am Mißlingen seines Experiments, aber das ist keineswegs eine genügende Erklärung. Die Verwendung folkloristischer Themen und lyrischer Metren im Drama setzt mehr voraus als ein ästhetisches oder intellektuelles Interesse an alten Ausdrucksformen. Sie erscheint nur dann legitim, wenn sie sich auf eine Tradition stützt, die nicht rein literarisch ist, sondern ihren Einfluß auf das Leben eines Volkes behalten hat. Darauf beruht die überzeugende Wirkung der Bühnenwerke Federico Garcia Lorcas. Die Menschen, die Lorca zeichnet, haben die Größe legendärer Gestalten; sie sind Sinnfiguren wie Don Juan oder der Richter von Zalamea, und was man als ihre „Persönlichkeit" bezeichnen könnte, ist eine Kristallisation typisch spanischer Wesenszüge. Der durchdringende Fatalismus, der in allen Dramen Lorcas die Atmosphäre des Ganzen bestimmt, gibt jeder individuellen Tragödie die Bedeutung eines mythologischen Geschehens. Charakteristisch für den Einfluß der Volkssagen auf Lorcas Schaffen ist das Auftreten geheimnisvoller, poetischer Figuren, die übersinnliche Kräfte wie den Mond oder den Tod verkörpern und der Handlung eine magische Perspektive geben. Dadurch wird der Vorgang von der persönlichen auf eine symbolische Ebene erhoben; der Schwerpunkt liegt in dem Konflikt zwischen der Macht elementarer Gewalten und dem Zwang strenger gesellschaftlicher Tabus. Lorcas Stücke gleichen dramatisierten Balladen, in denen das lyrische Element wie ein Oberton mitschwingt und den Eindruck des Grausigen und einer fast archaischen Wildheit mildert. Die Menschen in solchen Werken wie „Yerma", „Die Bluthochzeit" und „Bernarda Albas Haus" leben in einer gnadenlosen, verfluchten Welt; aber hier erfüllt die dichterische Sprache ihre eigentliche Funktion: indem sie ein künstlerisches Abbild dieser Welt erschafft, entkräftet sie zugleich den Fluch, der auf dem Dasein lastet.

In ganz anderer Art als Lorcas Tragödien sind die „poetischen" Schauspiele von Jean Giraudoux der Tradition verhaftet. Giraudoux hat sich oft antiker Mythen für den Ausdruck ganz moderner Empfindungen und Konflikte bedient. Nicht Naturgewalten, sondern die Götter sind es, die sich den Menschen und ihrem Willen zur Humanität entgegenstellen, wenn sie auch diesen Willen nicht brechen können. In den Stücken Giraudoux's gibt es keine neuen und überraschenden Lösungen. Autor und Zuschauer sind sich darüber einig, daß die Welt nie anders gewesen ist, als wir sie kennen. Diese reale Welt wird aber von Giraudoux einem Kosmos der poetischen Wahrheit gegenübergestellt, in der Menschen und Dinge in ihrer ursprünglichen Reinheit und Unschuld existieren. Das tragische Moment liegt in der Unversöhnlichkeit der beiden Reiche, das Tröstende in der menschlichen Möglichkeit, die täglich aufs neue verlorene Unschuld in der Idee wiederzugewinnen. Bei alledem verläßt sich Giraudoux auf den gesunden Sinn des einfachen

Zuschauers. „Im Jahre 1930", sagt er, „verlangen die Leser von einem Schriftsteller genau das Gegenteil von dem, was sie 1830 von ihm verlangten. Vor allen Dingen erwarten sie keine Meisterwerke. Sie fordern von ihren Dichtern eine Nahrung, die ihnen unentbehrlich ist, die man aber nur ebenso allgemein und ungenau bezeichnen kann wie Brot und Fleisch. Es handelt sich also nicht darum, eine übersättigte Gesellschaft durch geschickt ersonnene dramatische Handlungen oder durch Erfindungen aufzuregen, sondern darum, in all den ausgetrockneten Zellen, die wir als unser Herz ansehen, die Säfte und Kräfte wieder zum Fließen zu bringen, aus denen die Ahnung eines neuen Tages sich herstellt." Giraudoux hat immer für Schauspieler geschrieben und seine Figuren in der fertigen Gestalt gesehen, die bestimmte Darsteller ihnen auf der Bühne geben würden. Der Schauspieler und der Dichter können durch ihr Wort die Dinge aus ihrer Gewöhnlichkeit erlösen. Auch das Häßlichste hört auf, häßlich zu sein, wenn man es schön nennt, oder, was dasselbe ist, wenn ein Künstler ihm Form gibt. So läßt Giraudoux im „Apollo von Bellac" eine Schauspielelevin die Kraft des poetischen Worts einem Rauhbein gegenüber beweisen, der in der Gestalt eines Pförtners sie nicht in das Haus eines mächtigen Generalsekretärs einlassen will:

MÄDCHEN *sehr ängstlich und leise*
Wie schön Sie sind!
PFÖRTNER *grob*
Was sagen Sie?
MÄDCHEN *etwas freier*
Ich sage: wie schön Sie sind!
PFÖRTNER
Hm. Leiden Sie oft daran?
MÄDCHEN
Zum ersten Mal in meinem Leben –

PFÖRTNER *unterbrechend*

Sagen Sie einem Mann, der aussieht wie ein Gorilla, daß
er schön ist?

MÄDCHEN

Schön ist vielleicht nicht das Wort. Ich urteile nicht dar-
nach, ob bei jemandem die Nasenflügel durchsichtig sind
oder die Augen weit auseinanderstehen. Ich urteile nach
der ganzen Erscheinung.

PFÖRTNER

Dann sagen Sie mir also: jeder einzelne Zug ist häßlich,
aber die ganze Erscheinung ist schön?

MÄDCHEN *ungeduldig herausprudelnd*

Wenn Sie meinen. Lassen Sie mich in Ruh'. Sie können
sich doch selbst denken, daß ich einem widerwärtigen
Amtsdiener wie Ihnen nicht schmeicheln will, wenn ich
ihm sage, wie schön er ist.

PFÖRTNER

Immer mit der Ruhe ... Ich weiß ja, in Ihrem Alter sagt
man nur, was man denkt. Warum drücken Sie sich so
ungenau aus? ... Sie finden mich nicht schön. Frauen sehen
nie etwas. Was an mir Passables ist, bemerken sie nicht einmal. Was ist an mir schön? Der Umriß meiner Gestalt? ...

MÄDCHEN

Sie haben vollständig recht. Sie sind nicht schön. Ich bildete mir ein, ich sähe S i e und dabei habe ich nur Ihre
Gestalt gesehen.

PFÖRTNER

Dann sagen Sie doch: Was für eine schöne Gestalt. Aber
nicht: Was für ein schöner Amtsdiener!

MÄDCHEN

Ich sage überhaupt nichts mehr!

PFÖRTNER *zornig*

Seien Sie nur nicht bös'. Ich darf Sie doch warnen. Eine
schöne Gestalt ist selten, sehen Sie ... Man lebt nicht mit
seiner Gestalt, mein Kind!

MÄDCHEN *schwärmerisch*

Wie schön Sie sind, wenn Sie zornig werden! Wollen Sie
mir weismachen, daß Ihre Zähne nur ein Teil Ihres Um-
risses sind?

PFÖRTNER

Das ist wahr. Wenn ich wütend werde, zeige ich das Einzige, was schön an mir ist: meine Zähne . . . . . Haben Sie
bemerkt, daß dieser Eckzahn herausstand? Nein, nicht der
aus Zement. Der andere, der rechte –

Es schellt

Der Herr Generalsekretär ruft mich. Ich werde es so
deichseln, daß er Sie empfängt; werde sagen, Sie seien
meine Nichte.

MÄDCHEN

Wie schön Ihre Gestalt ist, wenn Sie sich aufrichten! Wie
der Denker von Rodin, würde ich sagen.

So geht es weiter – über den Generalsekretär und die
Abgeordneten bis zum Präsidenten hinauf; und keiner von
ihnen kann der Sehnsucht nach der erträumten idealen Gestalt seines Ichs widerstehen. Die Herzen der gefrorenen
Christen tauen auf, es „regen sich die Kräfte und Säfte, aus
denen die Ahnung eines neuen Tages entsteht", und sogar
ein verstaubter Kronleuchter läßt alle Lichter erstrahlen,
sobald das Mädchen mit seinem Zauberspruch „Wie schön
du bist!" sich ihm naht.

Vom Standpunkt des engagierten Theaters aus gesehen,
ist die Dramatik Giraudoux's ein reines Phantasma. Jean
Paul Sartre, ihr schärfster Kritiker, schreibt: „Hinter Giraudoux's weißer Magie und ihrem verführerischen Charme
steckt eine Moral des Gleichgewichts, der Glücksvorstellun-
gen des juste milieu. Wenn man näher zusieht, erkennt man
in alledem die Welt des Aristoteles, die seit Jahrhunderten
tot und vergangen ist."

Auch wenn man dieses abfällige Urteil subjektiv berechtigt finden sollte, so bleibt doch zu fragen, ob Sartre durch die Gleichsetzung so heterogener Phänomene wie der Welt des Aristoteles, des bürgerlichen juste milieu und der „weißen Magie" Giraudoux's nicht ganz verschiedene Sphären miteinander vermischt. Der Angriff richtet sich gegen die Vorstellung einer wenigstens in der Idee erreichbaren Harmonie, aber Sartre übersieht, daß dieser Begriff bei dem Ästheten Giraudoux einen anderen Sinn hat als bei dem mehr pragmatisch denkenden griechischen Philosophen. Zudem wendet sich Giraudoux in seinen Stücken gerade gegen den groben Materialismus des juste milieu, und wenn man ihm etwas vorwerfen kann, so ist es die allzu geringe Beachtung, die er den nivellierenden Kräften des banalen alltäglichen Daseins schenkt. Wenn die „Schönheit" sich nur im Spiel auf der Bühne verwirklicht, gerät das Theater in der Tat in Gefahr, einer „weißen Magie" zu verfallen.

Wie Giraudoux, setzt sein bedeutendster Nachfolger, Jean Anouilh, eine Tradition fort, die auf das rein dialogische Schauspiel der französischen Klassik zurückgeht. Man hat ihn oft Marivaux an die Seite gestellt, von dessen Stil und Technik er in der Tat ebensoviel gelernt haben mag wie von der raffinierten Dramaturgie Sardou's; aber der Vergleich ist äußerlich und trifft nur auf die virtuose handwerkliche Geschicklichkeit Anouilhs zu. Die reifen Werke dieses ungemein fruchtbaren Autors verraten deutlich den Einfluß der Charakterstücke und tragischen Komödien Molières. Mit dem Dichter der „Schule der Frauen" teilt Anouilh die Neigung, das ganze Leben als ein Maskenspiel aufzufassen, so daß die Abbildung dieser Welt auf der Bühne keineswegs eine bloße Illusion, sondern die Wahrheit selbst wiedergibt. Diese Kongruenz zwischen Schauspiel und „Wirklichkeit" tritt besonders klar in manchen Szenen hervor, in denen Anouilh durch den Aufbau eines Theaters im Theater eine Überblendung der beiden Sphären versucht. Wenn Colombe, die „Taube", ihrem Julien die Treue bricht, so spielen sie und ihr Verführer Armand nur eine Rolle zu Ende, die sie innerhalb des Stücks und gleichzeitig im Leben ausprobieren:

ARMAND

Immer und ewig Frau sein, das muß einem schon sehr an den Nerven zerren! Kommen Sie! Sie sehen doch, wir sind ganz unter uns!

COLOMBE *lacht*

Sie sind schrecklich, Armand.

ARMAND

Nicht mehr als Sie, meine Liebe. Also, gehen wir nochmals die Szene durch, bevor die anderen auf die Bühne kommen.

COLOMBE

Wenn Sie wollen.

Sie stellt sich auf ihren Platz und fragt

Und wenn Herr Du Bartas mich in Ihren Armen findet?

ARMAND

Die erste Ohrfeige gebe jedenfalls ich.

COLOMBE *beginnt*

„Und wenn ich Euch gestände, daß ich Euch liebe?“

ARMAND

„Ich könnt' Euch keinen Glauben schenken.“

COLOMBE

„Und wenn ich Euch sagte, daß ich sehr traurig bin?“

ARMAND

„Traurig? Mit diesen Augen? Geht, seid still!“

COLOMBE

„Wie könnt Ihr wissen, was meine Augen sprechen, wenn Ihr sie nie betrachtet?“

ARMAND

„Nun seht, ich betrachte sie!“

Er steht auf und nimmt sie in die Arme. Plötzlich murmelt er

Teufel! Kleiner, hinterlistiger Teufel!

Er läßt sie etwas betroffen los. Dann sagt er mit seiner netten,
kindlichen Art, die er sich trotz seines Zynismus bewahrt hat
Wir dürfen aber Julien nicht zu sehr weh tun.
Sie stehen sich gegenüber und wagen nicht, sich anzublicken.

Auch in der dramatisierten Historie der Johanna von
Orléans („Die Lerche") läßt Anouilh das Mädchen ihre Geschichte dem Gericht v o r s p i e l e n; dramatische Figur und
reale Person gehören derselben Existenzebene an. Daher
erscheinen die Gestalten oft wie Marionetten, die, ohne ein
eigenes Leben zu besitzen, individuelle Charaktere reprä-
sentieren. Diesen Eindruck des Undynamischen und Fleisch-
losen hat man besonders in antikisierenden oder historischen Stücken wie „Antigone", „Eurydike" und „Thomas
Becket", aber auch in den anderen Werken wird man oft
die Empfindung nicht los, daß die Figuren sich an Drähten
bewegen, die ein brillanter Techniker vom Schnürboden
her lenkt. Für diese Zwitterwesen ist jede menschliche Verbindung unerreichbar; selbst in der Liebe bleiben sie einander fremd und gebannt in „zwei verschlossene Gehäuse",
wie es in „Eurydike" heißt.

Anouilh's Geschöpfe erfahren die unaufhebbare Einsamkeit, in der sie verharren, als ihr privates Schicksal. Sie sind
von der Welt, die sie umgibt, weit stärker isoliert als die
Gestalten Molières. Eben weil ihnen der gesellschaftliche
Hintergrund der Molière'schen Komödientypen fehlt, wirken sie artifiziell. Das Schema der klassischen Dramaturgie
liefert heute nur unvollkommene Reproduktionen großer
Vorbilder, und alle Kunstfertigkeit, die Anouilh bei ihrer
Herstellung beweist, erscheint von der Forderung eines zeitgemäßen Theaters aus gesehen mehr oder weniger ver-
schwendet.

Das nach überlieferten Mustern gebaute Drama behaup-
tet auf der französischen Bühne durchaus seinen Platz neben
den experimentellen Werken moderner Autoren wie Audi-

berti, Tardieu und Ionesco. Frankreich gilt mit Recht als das Land der Avantgarde, denn die avantgardistische Richtung ist dort selber eine Tradition, und ihre Produkte sind ebenso legitim wie das gekonnte Boulevardstück. In Deutschland gibt es weder das eine noch das andere. Die neuere deutsche Dramatik stellt sich als ein Sammelsurium aller möglichen Stilarten dar; die Auswahl reicht von Hildesheimers modernistischen Strichzeichnungen bis zu der amerikanisierten Romantik Ulrich Bechers und den melodramatischen Reportagen Gert Weymanns und mancher anderer. Weit gleichförmiger ist der verarbeitete Stoff. Krieg und Nachkrieg müssen die Kulisse für eine Darstellung privater Erlebnisse abgeben. Wie leicht sich dabei ganz persönliche Empfindungen vordrängen und den dramatischen Ausdruck überwuchern können, scheinen viele Autoren kaum zu beachten. So beginnt zum Beispiel Peter Hirche sein Kriegsstück „Triumph in tausend Jahren" mit folgender Ansage:

EMMINGER

Die Bühne also leer. Nur Ebene und weiter Horizont – so, wie das Publikum sich Rußland vorstellt. Rechts eine Dünenkette, dahinter der Strand.

Statisten so verkleidet, daß man sie von weitem für Soldaten halten kann. Gewehre aus Holz. Wer nicht weiß, wie ein Gewehr aussieht, den geht das Ganze ohnehin nichts an.

Hier links ein Haus. Die Reste eines Hauses: der Kompagniegefechtsstand.

Unser Kompagniechef ist ein Hüne, wie Sie bald sehen werden: zwei Meter groß und der Kopf noch etwas größer; der Kopf eines Mannes von drei Metern. Auf der Bühne hier freilich fällt das alles vielleicht nicht ganz so gigantisch aus.

Wir befinden uns auf einem Brückenkopf. Als die Armee sich absetzte, blieb die Division auf dieser Halbinsel als

Brückenkopf zurück. Hier ist eine kleine Bucht, da sollen wir abgeholt werden. Wenigstens ist den Soldaten gesagt worden, daß wir heute nacht hier von Booten abgeholt werden.

Möglicherweise finden Sie, daß ich zuviel rede. Ich werde das aber beibehalten. Möglicherweise werden Sie später finden, daß ich von etwas rede, wovon ich nichts verstehe. Und damit hätten Sie recht. Ich verstehe den Krieg n i c h t. Ich habe ihn ein paar Jahre lang mitgemacht, aber ich verstehe gar nichts. Ich stehe fassungslos davor. Vielleicht sind Sie in einer besseren Lage und haben sich eine der Theorien angeeignet, die die Notwendigkeit und Zwangsläufigkeit von Kriegen erklären. – Um aber gleich weiter von mir zu reden: ich heiße Emminger, bin Unteroffizier und in dem Augenblick, da wir uns hier auf dem Brückenkopf von Worozowka befinden, zwanzig Jahre alt ...

Mir übrigens fällt es leicht zu vergessen, daß dies nicht Sand und Wasser und Himmel ist, sondern Leinwand und Sperrholz. Ich kann es leicht vergessen, weil mich hier auf dem Brückenkopf dieselben Gefühle bewegen wie hier vor Ihnen: Verzweiflung nämlich, hinter Geschwätz verborgen, und ein Rest von Pflichtgefühl, gebietend, die Rettung dennoch zu erstreben und zu hoffen.

Selten genug kommt es vor, daß ein deutscher Autor sich auf einen künstlerisch anspruchslosen, aber ehrlichen Bericht beschränkt wie Erwin Sylvanus in dem Warschauer Ghetto-Stück „Korczak und die Kinder". Meist werden die Ereignisse, die eine ganze Welt ins Unheil gestürzt haben, als illustrierender Hintergrund für sentimental ausgemalte Episoden benutzt: zwei Liebende können nicht zusammenkommen, weil die Zonengrenze sie trennt, oder der Gegensatz politischer Ansichten führt zu Streitigkeiten zwischen Hauswirt und Mieter, oder ein Kriegskrüppel kann sich in der prosperierenden Nachkriegs-Gesellschaft nicht zurechtfinden. Allgemein tritt als beherrschender Zug eine eigentümliche Weltlosigkeit hervor, in der offenbar die expressionistische Form des „O Mensch"-Dramas wiederauflebt. Aber was vor einem halben Jahrhundert wie der Aufbruch in eine neue Zeit erschien, wirkt heute als blasser Anachronismus oder sogar als Parodie. Als Beweis dafür sei ein Monolog aus Paul Kornfelds 1917 geschriebenem Stück „Die Verführung" dem Selbstgespräch einer Figur aus der „modernen" Komödie „Hinter den Hügeln das Paradies" von Heinz Gnade gegenübergestellt. Kornfelds Held heißt Bitterlich, und was er sagt, rechtfertigt seinen Namen:

BITTERLICH

Wie komme ich in diese Welt? Zu welchem Zweck bin ich denn hier? Tausende Jahre war ich es nicht, die Welt hat sich gedreht, und alles ging auch ohne mich – plötzlich wache ich auf und ich bin hier! Braucht Gott zu seiner Welt gerade mich? Gerade mich, den Bitterlich? Ging's denn nicht ohne mich? Es ist so sonderbar! Es ist so sonderbar, daß alles so ist, wie es ist! Ich könnte auch als Trojaner geboren worden sein und vor den Toren Trojas Wache stehen oder als einer der Wilden, die den heiligen Augustin erschlagen haben, oder in zweihundert Jahren als derjenige, der die künstliche Herstellung von Eiweiß erfinden wird – es ist so sonderbar! Statt dessen bin ich Hans Ulrich Bitterlich, Sohn des toten Notars Franz Ulrich Bitterlich, zweiunddreißig Jahre und vier Monate alt, und habe gerade mein Schicksal hinter mir und gerade mein Gefühl von dieser Welt! – es ist sonderbar! – und gehe auf und ab, unter mir das wie neugestrichene Gras im März und über mir der wie frisch gewaschene Himmel.
Wo stehe ich in dieser Welt? Wie war's? Wo waren wir nur früher? Daß ich's vergessen konnte! Wir waren doch wahrscheinlich Jahrtausende dort! O elender Kopf! Spie-

len die Kinder, bevor sie herkommen, mit jungen Kätz-
chen und jagen sie mit grünen Schmetterlingsfängern
Kohlweißlingen nach? Und warum nun der unverdau-
liche Wirrwarr? Warum ich? Warum ich so, wie ich bin?
Und daß ich so vieles noch schön finde! Ah, in Luft auflösen und als Wind mit Drachen spielen und als Sturm
Fahnen flattern lassen! Ein Ziegenbock sein und Gras ab-
zupfen! Erdreich sein und Wiesen auf mir tragen – das
wär' ein Leben!

Die Gestalt des Bitterlich ist wohl die reinste Verkörperung des expressionistischen Lebensgefühls. Kornfeld hat
die Figur durchaus poetisch angelegt und läßt sie folgerichtig an der feindlichen Welt zerbrechen. Dagegen wirkt das
Abenteuer, das Heinz Gnade einen verliebten Richter bestehen läßt, wie eine kleine Eskapade, deren Belanglosigkeit
das Gewicht der Worte und den szenischen Aufwand nicht
trägt. Gnade verwandelt den langweiligen Juristen und un-
getreuen Ehemann in einen vom Weltschmerz geplagten
Zirkusbesitzer, der das Publikum folgendermaßen anredet:

DAVID *anfangs noch im halben Konversationston*
Achtung, Achtung. Wir beginnen, indem wir aus unserem bisherigen Leben heraustreten. Die Brücken zu unserer Kaste und ihrer Konvention sind abgebrochen. Wir
stehen augenblicklich im Niemandsland und warten darauf, daß wir selbst in uns emporwachsen. Es kann der
Start in ein neues Dasein sein.
Fast feierlich
Wir sind bereit, den ersten Schritt zu tun.
Damen und Herren! Hereinspaziert! Das Zelt ist geöffnet, die Nacht hat begonnen! Eine Nacht, ausgespieen
aus dem Mund der Ordnung. Aufbruch ins Niemandsland! Die Grenzen hören auf, alle bleiben zurück, Häu-
serzeilen versiegen! Das letzte Haus der Hure Judith-

Helena glänzt als Abfalleimer am Schuttberg! Es gibt
niemanden mehr, der seinen Hut zieht oder auf seine
Taschenuhr blickt, keinen, der ein Gewehr zum Reinigen
trägt, nicht einen, der mit dem Strohhut auf dem Kopf
seine späte Angel in das bleiche Wasser hängt.

Ruß

Hinaus in die funkelnde sehnsüchtige Verzweiflung!

*Er setzt sich eine Halbmaske mit großer Nase auf, die unheim-
liche Karikatur eines Richters, und spricht immer noch als Ausrufer, aber intimer, beinahe klebrig*

Wer bin ich? Ich will Ihnen sagen, wer ich war. Ich saß
auf einem Stuhl, erhöht über den Köpfen. Und ich spal-
tete diese Köpfe mit der flachen Hand. Ich nahm ihnen
die Freiheit, vermauerte ihnen die Jahrmarktbuden, ich
trat ihre Musik aus und tötete die Farben ihres Himmels.

Noch klebriger

Meinen Sie, das geht so lirum larum, ohne daß man sich
selbst die Finger in die Augen stößt? Glauben Sie, man
kann Tiere schlachten oder Menschen verurteilen, ohne
daß es von einem Besitz nimmt? Wenn nicht am Tage –
im Traum würgt es uns . . .

Er schreit und knallt mit der Peitsche

Ich war Richter zwischen Gott und den Menschen und
dachte nur an meine eigene Sicherheit!

Im dumpfen Ton

Hereinspaziert, Damen und Herren. Zur Kasse. Wir beginnen.

Der falsche Ton dieser Szene sticht fühlbar ab von der
dichterischen Sprache Kornfelds. Die Ekstase ist nicht echt.
Natürlich kehrt Gnades Held von seinem Flug in ein neues
Leben, vom „Aufbruch ins Niemandsland“ am Ende zu
seiner Reibekuchen backenden Frau zurück. Der Versuch,
das Leben expressionistisch zu überhöhen, endet in Banalität. Nichts ist so bezeichnend für die Mehrzahl der neuen

deutschen Stücke wie dieser Sprung von einer Sphäre zur anderen, von der Empfindsamkeit, die man an sich schon als etwas Poetisches betrachtet, zur platten Alltäglichkeit eines Naturalismus mit Kinderlähmung. Das ist im Grunde ein Mißverständnis der Aufgabe des Theaters. Man versucht, den Menschen als ein wehrloses Opfer der zufällig auf ihn einwirkenden Kräfte darzustellen; daraus entsteht aber keine neue Wirklichkeit, sondern höchstens eine willkürliche Mischung von Biedermeier und Elektrizität.

Es gibt in der künstlerischen Transponierung der „Realität" keinen Zufall, vielmehr nur eine sinnvolle Konstruktion des Zufälligen. Geht man davon aus, daß dieses Ziel im Drama (und ebenso in der Groteske) nur durch größte Präzision des sprachlichen und mimischen Ausdrucks zu erreichen ist, so liegt darin ohne Zweifel eine Rechtfertigung des „abstrakten" Theaters, weil das Abstrakte ja gerade das im höchsten Maße Prägnante ist. Doch sind der Abstraktion in der Dichtung viel engere Grenzen gesetzt als in der Malerei. Das Drama vor allem bleibt auch in seiner modernen, den Dialog zersetzenden Form an Sprachsymbole gebunden, die als Produkte ganz konkreter geschichtlicher Situationen entstanden sind und sich nicht in eine rein m a l e r i s c h e Ordnung übersetzen lassen. Darum ist Picassos Stück „Wie man Wünsche am Schwanz packt" nichts weiter als eine unfreiwillige und trotz aller Geschraubtheit höchst banale Farce. Picasso will offenbar die Substanz der Sprache auflösen und an die Stelle der Worte ein Nebeneinander von Klangbildern setzen. Er übersieht dabei, daß die Sprache auch in einer sinnentleerten Form immer ein Ausdruck menschlicher Beziehungen bleibt und insofern eine andere Perspektive besitzt als die in Farben oder Zeichnungen abstrakt wiedergegebene Welt der Erscheinungen.

Die Dramatiker unserer Zeit müssen sich freilich damit abfinden, daß die Beziehungen zwischen den Menschen unter dem Einfluß der Technik und der von ihr erzwungenen

Arbeits- und Lebensform weitgehend rationalisiert worden sind. Viele Themenkreise, aus denen die Stückeschreiber früherer Epochen ihre Stoffe bezogen, haben die aktuelle Bedeutung, die sie einmal besaßen, und damit auch ihre Zündkraft auf der Bühne verloren. Mit den gesellschaftlich bedingten Konflikten des Feudalismus verbindet uns fast gar nichts mehr, der revolutionäre Elan der Aufklärungszeit, als dessen letzten legitimen Erben man Bertolt Brecht ansehen kann, ist verpufft, und die sexuellen Tabus des neunzehnten Jahrhunderts sind im großen und ganzen verschwunden. Wenn es auch wahr bleibt, daß sich an den elementaren Gefühlen des Menschen nichts geändert hat, so ist ihr Ausdruck doch zu einem unbeachtlichen privaten Vorgang geworden. Die Versachlichung der Existenz hat dem Theater seine stärksten Illusionswirkungen geraubt und den Strukturwandel des Dramas erzwungen. Nur wenn der Zuschauer diese Lage erkennt, wird er sich in den Stükken der modernen Dichter als dramatis persona wiederfinden. In dem Spiel, dem er beiwohnt, geht es um ihn.

IM DICKICHT DER DRAMATURGIEN

An Tagungen und Veranstaltungen, die sich mit dem Wesen und den Aufgaben des Theaters in unserer Zeit beschäftigen, herrscht gewiß kein Mangel. Man hat oft den Eindruck, daß solche Diskussionen zeitgemäßer sind als das Theater selbst – wenigstens in den Augen der debattierenden Teilnehmer. Auch die Autoren beteiligen sich durch programmatische Erklärungen an diesem theoretischen Gespräch. Einige von ihnen, vor allem Brecht, Ionesco und Dürrenmatt, haben ihre dramaturgischen Methoden und Ansichten in längeren Schriften systematisch dargelegt und sich dabei mit ihren wirklichen oder imaginären Gegnern auseinandergesetzt. Bezeichnenderweise ist bis jetzt kein Werk erschienen, das diese und ähnliche Äußerungen zusammengestellt und miteinander verglichen hätte. Die Schwierigkeit eines solchen Versuchs liegt vor allem in der Anordnung des umfänglichen Stoffs. Verlangt wird dabei neben praktischer Bühnenerfahrung ein scharfer Blick für die besonderen Zeitumstände. Die Vielfalt der Stilformen, von denen keine in unserer pluralistischen Kultur als absolut gültig angesehen werden kann, verbietet eine Einstufung nach rein ästhetischen Kriterien. Dazu kommt, daß die gesellschaftliche Rolle des Theaters in den einzelnen Ländern keineswegs die gleiche ist. In Frankreich zum Beispiel hat sich das Pathos der Aufklärung in vielen dramatischen Werken bis heute erhalten. So grenzt Giraudoux sich und seine Stücke sehr scharf von der deutschen idealistischen Dichtung ab:

„Die Franzosen gestatten den Göttern nur mit größten Vorbehalten den Zutritt zu ihrem täglichen Leben
oder gar in ihr Haus ... Während der Zuschauer in
Deutschland sich entweder als Werther oder als Siegfried
fühlt, identifizieren sich weder die Athener noch die
Franzosen mit Oedipus oder Britannicus. In Frankreich
kommt es nur darauf an, wie der Held gegen eine neue
Form des Verhängnisses kämpfen wird. Dazu gesellt sich
die Freude am Wort und an der Diskussion – eine Freude,
die dem Athener und dem tragischen Helden ebenso
naheliegt wie dem französischen Bürger."

Im Gegensatz dazu erklärt der junge Engländer John
Osborne, daß er mit seinem Stück „Blick zurück im Zorn"
„die Leute im Theater zum Fühlen erziehen wolle"; und
er fügt hinzu: „Denken können sie hinterher, in England
ist die Gefahr nicht groß, daß die Leute zu viel fühlen."

Es ist kaum möglich, einen gemeinsamen Maßstab für
die Ansichten Osbornes und Giraudoux' zu finden, und
das gilt für die meisten Dramaturgien. Trotz aller Bedenken möchten wir aber zum Abschluß unserer Betrachtun-
gen über das moderne Drama einige Stückeschreiber selbst
zu Wort kommen lassen. Mögen ihre Urteile auch persönlich gefärbt sein, so beleuchten sie doch den ganzen Pro-
blemkreis von verschiedenen Seiten und machen die Ab-
sichten der einzelnen Autoren deutlich. Gewiß ist das Bild,
das sich daraus ergibt, alles andere als einheitlich, aber gerade das Nebeneinander polar entgegengesetzter Stand-
punkte zeugt für die lebendige Dynamik unseres Theaters.
Mit Recht hat Friedrich Dürrenmatt einmal gesagt:

„Gerade die vielen Stilarten, die das heutige Theater
zu bewältigen hat, weisen ein Gutes auf. Dieses Gute
erscheint zuerst als etwas Negatives. Jede große Theater-
epoche war möglich, weil eine bestimmte Theaterform
gefunden worden war, ein bestimmter Theaterstil, in
welchem und durch welchen man Theaterstücke schrieb.

Nur so läßt sich etwa die große Zahl der Theaterstücke erklären, die Lope de Vega schreiben konnte. Stilistisch war ihm das Theaterstück kein Problem. In dem Maße aber wie es einen einheitlichen Theaterstil nicht mehr gibt, nicht mehr geben kann, in dem Maße wird das Theaterschreiben ein Problem und damit schwieriger. So ist denn das heutige Theater zweierlei, einerseits ein Museum, anderseits aber ein Feld für Experimente; so sehr, daß jedes Theaterstück den Autor vor neue Aufgaben, vor neue Stilfragen stellt. Es gibt keinen Stil mehr, sondern nur noch Stile, ein Satz, der die Situation der heutigen Kunst überhaupt kennzeichnet, denn sie besteht aus Experimenten und nichts außerdem, wie die heutige Welt selbst."

Der wichtigste Punkt, den Dürrenmatt in diesen Worten berührt, ist die für unsere Zeit charakteristische Überlagerung historischer und moderner Stilformen. Gewandte Bühnentechniker, wie Jean Anouilh und Fritz Hochwälder, bedienen sich immer noch der erprobten und spannungsgeladenen Technik Sardous und Sudermanns, andere verlassen sich auf das Handlungsschema der großen Tragödie oder auf eine romantische Pathetik des Ausdrucks. Auf der anderen Seite suchen die radikalen Neuerer das Wort zu entwerten und mit Hilfe der modernsten Mittel eine Welt jenseits der gewohnten Vorstellungen von Zeit und Raum aufzubauen. Es ist nicht schwer zu sehen, daß sich in dem Zwiespalt der Ansichten das schwankende Lebensgefühl des technischen Zeitalters spiegelt. Das einigende Moment bildet die Frage nach dem Menschen, seiner Aufgabe und seinem Bewußtsein in einer Periode des Umbruchs aller Werte. Wer davon ausgeht, daß die Lage des Menschen in der Welt sich niemals ändert und daß seine Bestimmung im absoluten Sinn ewig die gleiche bleibt, wird auf der Bühne mit traditionellen Mitteln zu wirken suchen; wer aber den Menschen als einen Schnittpunkt wechselnder

Kräfte betrachtet, wird den Nachdruck auf den Einfluß dieser Faktoren auf unser Menschenbild legen. Es ist klar, daß in beiden Fällen das Verhältnis zwischen Autor und Zuschauer durchaus verschieden ist. Wir möchten als Beispiel die Meinungen zweier zeitgenössischer Autoren gegenüberstellen. Carl Zuckmayer, der auf die gleichbleibende emotionale Empfänglichkeit des Publikums vertraut, hält sich an einen festgelegten Begriff der Wirklichkeit. Er sagt:

„Das Publikum hat keine vorgefaßte Meinung, kein gemeinsames Bedürfnis und erst recht keinen allgemein bestimmbaren Geschmack ... Es liegt einzig und allein an der inneren Wahrheit, an der Überzeugungskraft und an der vitalen Substanz dessen, was dem Besucher geboten wird, um eine Meinung, ein Bedürfnis, ein Aufnahmevermögen in ihm zu wecken und auszubilden.

Zunächst muß das Publikum, die aus Einzelnen zusammengesetzte Menge, recht eigentlich von der Bühne her überwältigt werden, übermannt – worin etwas liebend Gewaltsames liegt –, damit es wahrhaft sich hinzugeben, mitzudenken und mitzufühlen vermag. Die Beschränkung auf eine rein didaktische Lehrwirkung, die Verengung des Theaters zur Schulstube oder zum Abendkurs lehnen wir ab. Hingegen wünschen und vertreten wir eine unmittelbare, heftige und mitverantwortliche Teilnahme an den elementaren Vorgängen unserer Welt- und Lebensstunde, wobei wir keineswegs der Täuschung erliegen, daß wir vom Theater aus Umstände und Menschen in direktem Sinn ändern, bessern oder reformieren könnten. Jedoch glauben wir an unsere Macht, durch die Hochfrequenz künstlerischer Ausstrahlung das geistigseelische Klima einer Zeit mitbeeinflussen oder vorbereiten zu können. „Tua res agitur" – dich geht es an, was hier gespielt wird –, das ist die Voraussetzung für jede wahrhafte Breiten- und Tiefenwirkung des Theaters, was aber keineswegs bedeutet, daß das Gebotene irgendwelchen schlagzeilenhaften Tagesansprüchen gemäß, sondern nur, daß es aus jener menschlichen Necessitas, Not, Notwendigkeit geboren und von jener tieferen Bedeutung erfüllt sein muß, nach der alles, auch die primitivste Schaulust zutiefst begehrt."

Es fragt sich nur, worin die „innere Wahrheit" und die „tiefere Bedeutung", von der Zuckmayer spricht, bestehen – ja, ob sie überhaupt mit den herkömmlichen Mitteln ohne Lüge und Verfälschung vermittelt werden können. Die Maßstäbe, die Zuckmayer anlegt, bleiben undifferenziert, weil sie sich eben auf einen festen Begriff der Wirklichkeit stützen, den Autor und Zuschauer gleichermaßen anerkennen. Gerade in diesem Punkt weichen die neueren Autoren von den Erben des naturalistischen Theaters ab. So sagt Wolfgang Hildesheimer:

„Meine Realität ist das sogenannte Absurde, und was für mich absurd ist, ist für die Mehrzahl der Menschen reale Gegebenheit.

Da ich keine Fabel will, kann ich auch mit ihrer Form nichts anfangen. Es liegt mir nichts daran, mit verteilten Rollen eine Geschichte zu erzählen oder eine These zu belegen. Der Dialog muß echt klingen – oder das Gegenteil: so stilisiert sein, daß auch hierin die Übertragung ins Unwirkliche, Surreale, oder die Verzerrung ins Groteske klar zum Ausdruck kommt, um der Wahrheit, die unausgesprochen und latent auf der anderen Seite lauert, zur vollen Geltung zu verhelfen. Denn eine ethische Forderung läßt sich sehr wohl an Figuren demonstrieren, deren eklatanter Mangel an Ethos diese Forderung erst deutlich macht. Das bedeutet aber nicht etwa, daß es dem Autor fehlt."

Bemerkenswert ist der Nachdruck, den Hildesheimer auf die ethische Funktion des Theaters legt. Sie wird aber, im Unterschied etwa zu dem moralischen Theater Schillers, nie direkt erhoben, sondern nur durch die Darstellung einer verzerrten und aus den Fugen geratenen Welt fühlbar gemacht. Diese Kunst der stilistischen Verbrämung ist bei den jüngeren deutschen Autoren sonst kaum zu finden. Sie suchen ihre verständlichen Forderungen in der Form eines unmittelbaren Appells oder durch krasse und deswegen unkünstlerische Schilderungen der Verhältnisse wirksam zu machen. Zwar hat Günther Rudorf recht, wenn er verlangt:

„Spielt mehr Stücke mit Zeitbezogenheit. Hauptmann rüttelte mit seinen ‚Webern‘ das soziale Gewissen von mehr Schlafmützen wach, als dies fünf Reichstagssitzungen im kaiserlichen Deutschland taten. Schillers ‚Don Carlos‘ hatte in der Hitler-Aera Sprengstoffcharakter. Millers ‚Hexenjagd‘ demaskierte die antidemokratische Gesinnungsschnüffelei McCarthys und erleichterte ihre Zerstörung.“

Doch wie sehen diese Stücke „mit Zeitbezogenheit“ aus? Meistens sind sie eine Mischung von naturalistischen Zustandsschilderungen und expressionistischem Weltschmerz. Merkwürdigerweise nennt Gerd Oelschlegel diese ganz von privaten und gewiß echten Gefühlen bestimmte dramatische Ausdrucksform „objektives Theater“ und stellt sie sogar als einen „ersten Versuch“ hin:

„Wenn die Forderung unserer Zeit Erkenntnis ist, kann die Aussage oder die Hilfe, die der Dichter dem Menschen unserer Tage geben soll, nur ein Zwang zu Entscheidungen sein. Und daraus ergibt sich die Forderung nach einer Form des Theaters, die ich „objektives Theater“ nenne. Theater, in dem wir den Menschen wiederfinden. Seine Sorgen, seine Not, seine Verlorenheit, seine Angst, seine Liebe, seine Lüge ... nur eines nicht, seine Antwort.

Ich bin bereit, von den Kritikern, die nicht aufhören können, zurückzublicken auf Gewesenes, den Vorwurf auf mich zu nehmen, die Form dieses Theaters stünde in bedenklicher Nähe des Naturalismus, dem die Avantgardisten der nachnaturalistischen Epoche längst den Todesstoß versetzt hätten.

Wem die Verantwortung für den Menschen mehr ist als die Literatur um ihrer selbst willen, wird auch in dieser Polemik der Stärkere sein. Und es ist ganz gewiß kein Zufall, daß die junge deutsche Dramatik in ihren ersten Versuchen diesen Weg beschritten hat."

Im Gegensatz zu diesen menschlich achtenswerten und künstlerisch unfruchtbaren Thesen Oelschlegels steht die Ansicht des Verfassers von „Thymian und Drachentod", Richard Hey. Hey ironisiert die „Realisten" mit der Bemerkung, der Dramatiker könne natürlich auf der Bühne „so etwas wie eine Hackordnung der Hühner herstellen", aber wozu diene das? Die Hühner seien darin dem Dichter immer überlegen. „Je realistischer das Theater", fährt Hey fort, „umso größer sein Abstand von der Realität. Die Realität ist nie eine Frage des Engagements, sondern des Stils und der Form."

Die ganze Kontroverse um Engagement und Nicht-Engagement mutet heute etwas antiquiert an. Gewiß ist es nicht möglich, den Menschen losgelöst von der Gesellschaft, in der er lebt, darzustellen, aber ebenso sicher hat er in dieser umfassenden Wirklichkeit eine eigene, persönliche Existenz. Selbst ein so entschiedener sozialer Revolutionär wie Bertolt Brecht hat immer wieder versucht, die Spontaneität seiner Charaktere zu bewahren. Erst in der Verbindung des gesellschaftlichen und des individuellen Daseins – oder, wenn man will, in ihrem Gegensatz – kann die volle Wirklichkeit der Existenz eingefangen werden. Seit den Zeiten der Griechen reflektiert das Drama nicht nur die sozialen Abhängigkeiten, sondern vor allem das erstarkende Selbstbewußtsein des Menschen gegenüber den Mächten, denen er unterworfen ist. Im klassischen Drama der Antike waren es die Götter, denen der Mensch sein

Schicksal gleichsam aus der Hand nahm – und damit auch die Verantwortung für dieses Schicksal. Bei Shakespeare kommt dann nach dem Zerfall der mittelalterlichen Welt ein ganz neues Menschenbild herauf, das nicht mehr durch übersinnliche Kräfte garantiert wird, sondern sozusagen in der Existenz selbst erarbeitet werden muß. Natürlich ändert sich dadurch auch die dramatische Technik. Worum es Shakespeare geht, zeigt jene Stelle im Hamlet, wo im Schlafzimmer der Königin auf die beiden Bilder des Claudius und seines Opfers hingewiesen wird. Hamlet stellt den Ermordeten als das Idealbild, als die Verkörperung der Möglichkeit des Menschen überhaupt hin, und das tragische Element liegt darin, daß die Verwirklichung einer solchen Existenz in einer Gesellschaft, über die ein Mann wie Claudius herrscht, als unmöglich empfunden wird. Seit der Epoche der frühen Aufklärung beherrscht dieser Gegensatz zwischen einer erträumten und der wirklichen Welt unsere dramatische Literatur. Er gründet sich vor allem auf die Idee der Menschenrechte und der Gewissensfreiheit. Der Mensch wurde aufgefaßt als ein Wesen, das die Freiheit hat, über sein eigenes Schicksal zu entscheiden. Im Laufe des neunzehnten Jahrhunderts begann man immer stärker an dieser Möglichkeit zu zweifeln. Je mehr die Gesellschaft sich nivellierte, je enger der Lebensraum des Einzelnen wurde, um so lauter verkündete der auf der Bühne dargestellte Mensch seinen Protest gegen diese Gesellschaft. Man kann diesen Weg von Büchner bis zu Wedekind und den Dramatikern unserer Zeit deutlich verfolgen. Aber wenn auch das Suchen nach der Verwirklichungs-Chance einer menschlichen Existenz das Grundthema der modernen Dramatik geblieben ist, so scheuen die Autoren unserer Zeit doch vor jeder tragischen und pathetischen Überhöhung des Gegensatzes zwischen dem Einzelnen und der Gesellschaft zurück. Der Held, der innerhalb einer feindlichen Umwelt für seine Ideale kämpft, wird entzaubert, ja manchmal sogar als ein pathologischer Typus hingestellt, dessen Versagen mit den Mitteln der Psychologie erklärt werden muß. Diese Richtung vertreten vor allem einige amerikanische Autoren, von denen Elmer Rice zitiert sei:

„Ich glaube, daß es keine Übertreibung ist, wenn ich sage, daß die Theorie Freuds die Vorstellung des Menschen von sich selbst genau so radikal geändert hat, wie jene von Darwin und Marx. Wir lernten von ihm, daß unser bewußtes Leben bloß die oberflächliche Manifestation eines Impulskomplexes darstellt, der in den dunklen und gefährlichen Tiefen des Unterbewußtseins verborgen liegt. Handlungen, die früher als edel galten, scheinen nun nur mehr verderbliche und schändliche Begierden schützend zu verhüllen. Moralische Werte sind illusorisch: eine Maske der wahren Amoralität unseres Wesens.

Der tragische Held hat als Held nahezu aufgehört zu existieren. Die das Edle verkörpernde Gestalt, von höherer Vorsehung geleitet, angetrieben von starken Leidenschaften, ist verschwunden. Die Helden des Dramas von heute – wenn man sie Helden nennen kann – sind verwirrte Geschöpfe, die in einem Wirrsal der Selbsttäuschung, des Mitleids mit sich selbst und der Machtlosigkeit der Umwelt gegenüber umhertappen, sich mit sehnsüchtigen Vorstellungen betäuben und die ihnen am nächsten Stehenden durch ein Übermaß oder einen Mangel an Liebe vernichten."

Freilich gibt es auch in den Vereinigten Staaten Dichter, die eine vollständige Reduzierung des Menschenbildes auf ein psychoanalytisches Kausalschema nicht mitmachen und die Ursachen für die Verlassenheit des Individuums im Verlust seiner absoluten Bindungen suchen. Der Wichtigste unter ihnen ist Eugene O'Neill, der einmal geschrieben hat:

„Das Drama ist eine symbolische und eine reale Biographie von dem, was sich in einem großen Teil der amerikanischen, und nicht nur der amerikanischen Seele

ereignet hat: der Tod des alten Gottes und die Unfähig-
keit von Wissenschaft und Materialismus, den überlebenden,
elementaren religiösen Instinkten einen friedenbringenden
neuen Gott zu schaffen und Trost für die Todesfurcht.

Der alte „Naturalismus" oder „Realismus" läßt sich
nicht länger verwenden.

Ich persönlich glaube nicht, daß eine Idee einem Publi-
kum übermittelt werden kann außer durch Charaktere.
Wenn es „Einen Mann" und „Eine Frau" sieht – nur
Abstraktionen –, dann verliert es den menschlichen Kon-
takt, durch den es sich selber mit den Darstellern des
Spiels identifiziert."

Ein anderes Mal setzt sich O'Neill für den Gebrauch von
Masken ein. Er meint, der moderne Autor könne mit Hilfe
der Maske am besten „die verborgenen Konflikte aufzeigen, von denen wir durch die Psychologie Kenntnis erhalten haben". Es bleibt natürlich die Frage, wie die von
O'Neill gewünschten Charaktere hinter der Maske als konkrete Gestalten sichtbar gemacht werden können. Der
Theaterpraktiker Dürrenmatt hält es jedenfalls immer noch
für die Aufgabe des Dramatikers, klarumrissene Gestalten
auf die Bühne zu bringen. Er sagt:

„Die Aufgabe der Kunst, soweit sie überhaupt eine
Aufgabe haben kann, und somit die Aufgabe der heutigen Dramatik ist: Gestalt, Konkretes zu schaffen. Dies
vermag vor allem die Komödie. Die Tragödie, als die
gestrengste Kunstgattung, setzt eine gestaltete Welt voraus. Die Komödie – sofern sie nicht Gesellschaftskomödie
ist wie bei Molière –, eine ungestaltete, im Werden, im
Umsturz begriffene, eine Welt, die am Zusammenpacken
ist wie die unsrige.

Die Tragödie setzt Schuld, Not, Maß, Übersicht, Verantwortung voraus. In der Wurstelei unseres Jahrhunderts, in diesem Kehraus der weißen Rasse, gibt es keine
Schuldigen und auch keine Verantwortlichen mehr. Alle

können nichts dafür und haben es nicht gewollt. Uns kommt nur noch die Komödie bei.

Doch ist das Tragische immer noch möglich, auch wenn die reine Tragödie nicht mehr möglich ist. Wir können das Tragische aus der Komödie heraus erzielen, hervorbringen als einen schrecklichen Moment, als einen sich öffnenden Abgrund."

Eugène Ionesco geht in der Verwendung des komischen Elements noch weit über Dürrenmatt hinaus. Er meint, das Wesen des Theaters liege in der emotionalen Einwirkung auf das Publikum. Man erkennt in Ionescos Dramaturgie den Einfluß der Theorien Antonin Artauds, der ein Theater der Leidenschaft und der Gewalttätigkeit verlangte; Ionesco sucht diesen Effekt durch eine Übersteigerung ins Groteske zu erreichen. In seinen „Ganz einfachen Gedanken über das Theater" schreibt er:

„Gewiß, das Drama ist eine Kunst der Effekte! Im Drama spricht man nicht die Sprache des Gedankens. Wenn es sich zum Träger von Ideologien macht, wird es diese nur nivellieren. Es wird sie gefährlich vereinfachen. Alles wird eingleisig und billig: naiv im schlechten Sinne. Alles ideologische Theater läuft Gefahr, Patronatstheater zu werden. Worin bestünde dann – abgesehen von der platten Nützlichkeit – die eigenständige Funktion des Theaters, wenn es einzig dazu verurteilt wäre, überflüssige Wiederholung der Philosophie, der Theologie, der Politik oder der Pädagogik zu sein? Psychologisches Theater ist unzulängliche Psychologie. Besser würde man eine psychologische Abhandlung lesen. Ideologisches Theater ist gehaltlose Philosophie.

Wenn das Wesen des Theaters in der Verstärkung der Wirkungen besteht, so müßte man sie noch mehr verstärken, sie unterstreichen, zum Äußersten steigern. Das Theater aus jenem Zwischenbereich herausreißen, der weder Philosophie noch Literatur ist, heißt: ihm seinen eigenen Ort und seine eigenen Bereiche wiedergeben. Man darf die

Kunstgriffe nicht verstecken, sondern muß sie zur Schau stellen, sie rückhaltlos enthüllen und aufweisen. Die Groteske und die Karikatur sind radikal zu verstärken und in Gegensatz zu der blassen Geistreichelei der Salonkomödie zu bringen. Keine Salonkomödie mehr, sondern Farcen und äußerste parodistische Übertreibung! Humor – ja; doch mit den Mitteln des Burlesken. Das Komische hart, übertrieben, ohne Zartheit. Keine dramatischen Komödien mehr, sondern Rückkehr zum Unerträglichen. Ein Drama der ursprünglichen Mächtigkeit schaffen: ursprünglich mächtige Komik steht neben ursprünglich mächtiger Tragik.

Um sich vom Alltäglichen, den Gewohnheiten, der geistigen Trägheit wegreißen zu können, braucht man oft energische Schocks. Ohne neue geistige Ursprünglichkeit, ohne ein neues, gereinigtes Bewußtsein von der Wirklichkeit der Existenz gibt es kein Theater und überhaupt keine Kunst mehr; man muß die gewohnte Gegenständlichkeit zerbrechen, um sie neu aufbauen zu können. Um das zu erreichen, kann man bisweilen folgendes Verfahren anwenden: man kann gegen den Text spielen. Einen sinnleeren, absurden und komischen Text kann man schwer, feierlich, gemessen inszenieren … Die Farce kann den tragischen Sinn eines Stückes herausheben. Das Licht gibt dem Schatten mehr Dunkelheit, der Schatten betont das Licht. Ich habe nie den Unterschied zwischen tragisch und komisch begriffen. Das Komische, unmittelbarer Einblick in das Absurde, enthält für mich mehr Verzweiflung als das Tragische. Das Komische ist ausweglos. Ich brauche das Wort Verzweiflung: in Wirklichkeit liegt das Komische aber jenseits – oder diesseits – von Verzweiflung und Hoffnung.«

Den schärfsten Gegensatz zu diesem bewußt anti-ideologischen und in mancher Beziehung anti-dramatischen Theater Ionescos bilden die weltanschaulich gebundenen und auf eine Veränderung der Welt hinzielenden Stücke Bertolt Brechts. Im Unterschied zu den Nachkommen der naturalistischen Schule hat Brecht das Problem einer Verbindung des sozialen Inhalts der Handlung mit dem poetischen Ausdruck erkannt. Er geht dabei von dem Bedürfnis des Publikums aus, durch die Kunst unterhalten und gleichsam ohne Anstrengung belehrt zu werden. Das Verhältnis von Poesie und Wirklichkeit war für ihn das eigentliche Problem, das den Zuschauer genauso anging wie den Stückeschreiber. In seinen Schriften zum Theater finden sich darüber folgende Bemerkungen:

„Neuerdings untersuchen wir Kunstwerke oft überhaupt nicht mehr nach ihrer poetischen, künstlerischen Seite hin und begnügen uns auch schon mit Werken, die keinerlei poetischen Reiz mehr haben. Werke und Aufführungen solcher Art mögen nun ihre Wirkungen haben, aber es können kaum tiefe sein, auch nicht in politischer Richtung. Es ist nämlich eine Eigentümlichkeit der theatralischen Mittel, daß sie Erkenntnisse und Impulse in Form von Genüssen vermitteln; die Tiefe der Erkenntnis und des Impulses entspricht der Tiefe des Genusses. Wenn wir uns nun dieser großen Leidenschaft des Produzierens hingeben wollen, wie müssen unsere Abbildungen des menschlichen Zusammenlebens da aussehen? Welches ist die produktive Haltung gegenüber der Natur und der Gesellschaft, welche wir Kinder eines wissenschaftlichen Zeitalters in unserem Theater vergnüglich einnehmen wollen? Die Haltung ist eine kritische ... Unsere Abbildungen des menschlichen Zusammenlebens machen wir für die Flußbauer, Obstzüchter, Fahrzeugkonstrukteure und Gesellschaftsumwälzer, die wir in unser Theater laden und die wir bitten, ihre fröhlichen Interessen bei uns nicht zu vergessen, auf daß wir die Welt ihren Gehirnen und Herzen ausliefern, sie zu verändern nach ihrem Gutdünken. Das Theater kann eine so freie Haltung freilich nur einnehmen, wenn es sich selber den reißendsten Strömungen in der Gesellschaft ausliefert und sich denen gesellt, die am ungeduldigsten sein müssen, da große Veränderungen zu bewerkstelligen. Das Theater muß sich in der Wirklichkeit engagieren, um wirkungsvolle Abbilder der Wirklichkeit herstellen zu können und zu dürfen.“

Ionesco wendet gegen diese Ansichten ein, daß Brecht die künstlerischen Mittel nur einsetze, um eine willkürliche marxistische Ideologie zu beweisen. Worauf es Ionesco ankommt, ist nicht die gesellschaftliche, sondern die absolute Situation des Menschen. So erweist sich dieser scheinbare Clown als ein durchaus konservativer Anhänger der alten zeitlosen Tragödie. Wir lassen ihn noch einmal selbst zu Wort kommen:

„Je häufiger ich Stücke von Brecht sehe, desto mehr habe ich den Eindruck, daß die Zeit und besonders seine Zeit ihm entgleitet. Seinen Menschen fehlt eine Dimension, seine Zeit ist durch Ideologien verfälscht. Das Blickfeld ist beschränkt – ein Merkmal, das gewöhnlich Ideologen und Dummköpfen gemeinsam ist. Ich sehe das Soziale auf natürliche Weise in jedem Kunstwerk eingeschlossen, und wäre es auch nur in der Art des stilistischen Ausdrucks. Der historische Augenblick kommt spontan und unausweichlich ins Werk, und nicht nur dann, wenn man es mit bewußter Absicht ideologischen Gründen zuliebe zu erreichen sucht. Das dramatische Meisterwerk hat einen exemplarischen Charakter höherer Art; es zeigt mir mein Bild, ist Spiegel und zugleich Antrieb zur Gewissenserforschung. Es ist eine über die Geschichte hinauszielende Darstellung des Geschichtlichen, die tiefste Wahrheiten erfaßt. Einer der wesentlichsten Fehler eines Autors wie Brecht scheint mir darin zu bestehen, daß er die künstlerischen Mittel nur einsetzt, um eine arbiträre marxistische Ideologie zu beweisen. Er unterwirft auf diese Weise das Wesentliche dem Unwesentlichen. Das ist das Gegenteil dessen, was man tun soll. Wegen dieses Irrtums wird Brechts Werk vergehen. Wenn man mir mit einem solchen Werk sagen will, man dürfe Tyrannen ohne Zögern töten, weil sie Marionetten

seien, die nicht leiden könnten und in deren Adern kein
Blut fließe, so lehne ich mich auf und rufe vernehmlich:
das ist nicht wahr! Tyrannen sind hassenswert, aber sie
leiden wie alle Menschen. Ein Werk ohne Wahrheit ist auch
künstlerisch nichts wert."

Selbstverständlich hätte Brecht von seinem programma-
tischen Standpunkt aus niemals solchen Formulierungen
zustimmen können. Mehr als einmal hat er sich gegen die
Überbetonung der individuellen Persönlichkeit in der aristotelischen Dramaturgie ausgesprochen, zum Beispiel in
folgenden Sätzen:

„In der aristotelischen Dramatik wird der Held durch
die Handlungen in Lagen versetzt, in denen er sein innerstes Wesen offenbart. Das Individuum, dessen innerstes
Wesen herausgetrieben wird, steht dann natürlich für den
„Menschen schlechthin". Jeder, auch jeder Zuschauer, würde
da dem Zwang der vorgeführten Ereignisse folgen, so daß
man, praktisch gesprochen, bei einer Oedipus-Aufführung
einen Zuschauerraum voll von kleinen Oedipussen ... hat.
Nichtaristotelische Dramatik würde die Ereignisse, die sie
vorführt, keineswegs zu einem unentrinnbaren Schicksal
zusammenfassen ..., sie würde im Gegenteil gerade dieses
„Schicksal" unter die Lupe nehmen und es als menschliche
Machenschaften enthüllen."

Man kann trotz der Unvereinbarkeit ihrer Ansichten wenigstens ein gemeinsames Ziel in den Dramaturgien
Brechts und Ionescos entdecken. Beide wollen den Zuschauer
aus seinem unerlösten Dasein herausreißen und als intak-
ten Menschen wiederherstellen. Indem Ionesco die gleichmachenden Kräfte des Alltags durch eine sinnlose Handlung und eine ihres Inhalts entleerte Sprache entlarvt, sucht
er zugleich den Druck der erstarrten Konventionen auf
den Einzelnen aufzuheben; er ist in seiner Art genau so
revolutionär wie Brecht.

Eine ähnliche Wirkung erstrebt in mehr subjektiver

Form Jean Genêt, dessen Bekenntnis zum poetischen Theater wir zum Schluß aus einem Gespräch mit dem Dichter wiedergeben möchten:

„Meine Auffassung der Welt ist von Natur dramatisch. Das dramatische Werk fordert von dem, der es schreibt, und von dem Zuschauer eine viel stärkere Anspannung als der Roman. Ich möchte beinahe sagen, daß man einen Roman im Liegen schreiben und lesen kann, aber das dramatische Werk verbietet jede körperliche Bequemlichkeit und jede seelische Schlaffheit. Der Grundkonflikt, der mich aufregt, ist die Wirklichkeit meiner eigenen Person in der Welt. Selbst heute bin ich nicht so weit, mir ein wirkliches soziales Dasein zuzuerkennen. Das läßt mich an der sozialen Wirklichkeit überhaupt zweifeln. Da haben Sie das Hauptthema meiner Theaterstücke. Das Theater hat für mich mehr Realität als die Wirklichkeit, genau so wie ein Gedicht. Wenn meine Bühnenstücke das kleine bißchen Wirklichkeit der sozialen Welt verleugnen, so müssen sie dafür eine poetische Wirklichkeit erschaffen. Sie sollen zwar das Hochstaplerische allen sozialen Getues zeigen, aber nachdem sie das erreicht haben, bleibt trotzdem eine Realität übrig, nämlich das Stück selbst als Dichtung. Das Theater hat seine Bedingungen. Indem es zugleich den Gesetzen und dem Publikum Trotz bietet, bringt es den Autor in eine unbequeme Situation. Das Theaterstück muß wie ein Gedicht ganz in der Sache aufgehen, so daß dann der Autor unwichtig wird. Die Hingabe an das Werk, die vom Publikum verlangt wird, wird auch vom Autor gefordert. Man muß sich dem Theaterstück vollständig unterwerfen. Erst dann gewinnt das Material, mit dem der Autor arbeitet, nämlich die Sprache, an Strenge und Würde."

Faßt man alle diese Äußerungen moderner Autoren zusammen, so ergibt sich das facettenreiche Bild eines Theaters, das in den Wirrnissen der Zeit seiner humanen Aufgabe treu geblieben ist.

BIBLIOGRAPHISCHE HINWEISE

TEXTE

ADAMOV, ARTHUR, Theaterstücke. Hermann Luchterhand Verlag, Neuwied, und in: Französisches Theater der Avantgarde, Langen-Müller Verlag, München; AESCHYLOS, Die Eumeniden. Langenscheidt'sche Verlagsbuchhandlung, Berlin; APOLLINAIRE, GUILLAUME, Les Mamelles de Teirésias; ARRABAL, FERNANDO, Picknick im Felde. In: Französisches Theater der Avantgarde, Langen-Müller Verlag, München. Bühnenwerke, Verlag Julliard, Paris; AUDIBERTI, JACQUES, Der Glapion-Effekt. In: Französisches Theater der Avantgarde, Langen-Müller Verlag, München. Bühnenwerke, Gallimard, Paris; BACHMANN, INGEBORG, Der gute Gott von Manhattan. R. Piper Verlag, München; BARLACH, ERNST, Bühnenwerke. Paul Cassirer Verlag, Berlin; BECKETT, SAMUEL, Bühnenwerke und Hörspiele. Suhrkamp Verlag, Frankfurt. Bühnenmanuskripte. S. Fischer Verlag, Frankfurt; BRECHT, BERTOLT, Bühnenwerke. Suhrkamp Verlag, Frankfurt; –, Antigone-Modell, 1948. Gebrüder Weiß Verlag, Berlin; BÜCHNER, GEORG, Sämtliche Werke. Insel Verlag, Frankfurt; CAMUS, ALBERT, Bühnenwerke. Rowohlt Verlag, Hamburg; CLAUDEL, PAUL, Christoph Columbus. In: Französisches Theater des 20. Jahrhunderts, Langen-Müller Verlag, München; COCTEAU, JEAN, Orpheus. In: Französisches Theater des 20. Jahrhunderts, Langen-Müller Verlag, München; DÜRRENMATT, FRIEDRICH, Bühnenwerke. Verlag Die Arche, Zürich; ELIOT, THOMAS STEARNS, Bühnenwerke. Suhrkamp Verlag, Frankfurt; FRISCH, MAX, Bühnenwerke. Suhrkamp Verlag, Frankfurt; FRY, CHRISTOPHER, Venus im Licht und Die Dame ist nicht für's Feuer. Fischer Bücherei, Frankfurt; GENÊT, JEAN, Bühnenwerke. Merlin Verlag, Hamburg; GIRAUDOUX, JEAN, Dramen. S. Fischer Verlag, Frankfurt; GNADE, HEINZ, Hinter den Hügeln das Paradies. Rowohlt Theaterverlag, Hamburg; GRASS, GÜNTER, Bühnenmanuskripte. G. Kiepenheuer Bühnenvertrieb, Berlin; HACKS, PETER, Theaterstücke. Aufbau Verlag, Berlin; HEY, RICHARD, Thymian und Drachentod. Carl Hanser Verlag, München; HILDESHEIMER, WOLFGANG, Landschaft mit Figuren. Neske Verlag, Pfüllingen; –, Die Verspätung. Suhrkamp Verlag, Frankfurt; HIRCHE, PETER, Triumph in 1000 Jahren. G. Kiepenheuer Bühnenvertrieb, Berlin; IONESCO, EUGÈNE, Bühnenwerke. H. Luchterhand Verlag, Neuwied; JAHNN, HANS HENNY, Armut, Reichtum, Mensch und Tier.

Willy Weismann Verlag, München; JARRY, ALFRED, König Ubu. Paris; KAISER, GEORG, Bühnenwerke. Gustav Kiepenheuer Verlag, Berlin; KORNFELD, PAUL, Die Verführung. S. Fischer Verlag, Frankfurt; LESSING, GOTTHOLD EPHRAIM, Sämtliche Werke; LORCA, GARCIA, Tragödien; Yarma in: Spectaculum 3, Suhrkamp Verlag, Frankfurt; MOERS, HERMANN, Bühnenmanuskripte. Verlag Kiepenheuer und Witsch, Köln; OELSCHLEGEL, GERD, Romeo und Julia. Rowohlt Theaterverlag, Hamburg; O'NEILL, EUGENE, Meisterdramen. S. Fischer Verlag, Frankfurt; PICASSO, PABLO, Wie man Wünsche beim Schwanz packt. In: Wort und Bekenntnis. Verlag Die Arche, Zürich; PIRANDELLO, LUIGI, Dramen I. Langen-Müller Verlag, München; –, Bühnenmanuskripte. G. Kiepenheuer Bühnenvertrieb, Berlin; POUND, EZRA, Die Frauen von Trachis. Rowohlt Theaterverlag, Hamburg; SARTRE, PAUL, Bühnenwerke. Rowohlt Theaterverlag, Hamburg; SHAKESPEARE, WILLIAM, Werke; SHAW, GEORGE BERNARD, Bühnenwerke. Suhrkamp Verlag, Frankfurt; SCHÉHADÉ, GEORGES, Bühnenwerke. Verlag Gallimard, Paris; SOPHOKLES, König Oedipus; TARDIEU, JEAN, Kammertheater. H. Luchterhand Verlag, Neuwied; VALÉRY, PAUL, Mein Faust. Insel Verlag, Frankfurt; WALDMANN, DIETER, Der blaue Elephant, und Von Bergamo bis morgen früh. Suhrkamp Verlag, Frankfurt; WEDEKIND, FRANK, Prosa, Dramen, Verse. Langen-Müller Verlag, München; WERFEL, FRANZ, Die Troerinnen des Euripides. Kurt Wolff Verlag, Leipzig; WEYMANN, GERT, Eh' die Brücken verbrennen. Rowohlt Theaterverlag, Hamburg; WILDER, THORNTON, Bühnenwerke. S. Fischer Verlag, Frankfurt; WILLIAMS, TENNESSEE, Bühnenwerke. S. Fischer Verlag, Frankfurt.

ANTHOLOGIEN

COLE, TOBY (Herausg.), Playwrights on Playwriting. Hill & Wang, New York. Französisches Theater der Avantgarde. Langen-Müller Verlag, München; Französisches Theater des 20. Jahrhunderts. Langen-Müller Verlag, München; Junges deutsches Theater von heute. Langen-Müller Verlag, München; Spectaculum 1–4. Suhrkamp Verlag, Frankfurt; Theatrum Mundi, Amerika. S. Fischer Verlag, Frankfurt.

ALLGEMEINE SCHRIFTEN

ARTAUD, ANTONIN, Le théatre et son double; BENTLEY, ERIC, In Search of Theatre. Vintage Books, New York; –, The Playwright as Thinker. Meridian Books, New York; BRECHT, BERTOLT, Die Dialektik auf dem Theater. Aufbau Verlag, Berlin; –, Kleines Organon für das Theater (mit Nachtrag). Suhrkamp Verlag, Frankfurt; –, Schriften zum Theater. Suhrkamp Verlag, Frankfurt; –, Theaterarbeit. Dresdner Verlag, Dresden; BRECHT-Sonderhefte I und II. In: Sinn und Form, Verlag Rütten und Loening, Berlin; CAMUS, ALBERT, Der Mensch in der Revolte. Rowohlt Verlag, Hamburg; DEDECIUS, KARL, Sowjetische Dramaturgie. In: Neue Züricher Zeitung, 1. 9. 1954, Nr. 240; Dramaturgische Gesellschaft, Jahresberichte, 1956–1961, Berlin; DÜRRENMATT, FRIEDRICH, Theaterprobleme. Verlag Die Arche Zürich; Experiment Theater, hrsg. von PAUL PÖRTNER. Verlag Die Arche, Zürich; FERGUSON, FRANCIS, The Idea of a Theatre. Doubleday Anchor Books, Garden City, N. Y.; FORD, BORIS, The Age of Shakespeare. Penguin Books, Harmondsworth; GENÊT, JEAN, Gespräch mit dem Verfasser (unveröffentlicht); GIRAUDOUX, JEAN, Littérature. Verlag Gallimard, Paris; GROSSVOGEL, DAVID J., The Selfconscious Stage in Modern French Drama. Columbia University Press, New York; HILDESHEIMER, WOLFGANG, Vortrag im Bayerischen Rundfunk 1960, Sonderprogramm; IHERING, HERBERT, Bertolt Brecht. Rembrandt Verlag, Berlin; IONESCO, EUGÈNE, Ganz einfache Gedanken über das Theater. In: Das Abenteuer Ionesco. Verlag H. Stauffacher, Zürich; LUKÁCS, GEORG, Wider den mißverstandenen Realismus. Claassen Verlag, Hamburg; MELCHINGER, SIEGFRIED, Drama zwischen Shaw und Brecht. Carl Schünemann Verlag, Bremen; –, Theater der Gegenwart. Fischer Bücherei, Frankfurt; –, Welt und Macht der Spaßmacher. Basilius Presse, Basel; MAYER, HANS, Bertolt Brecht und die Tradition. Neske Verlag, Pfullingen; O'NEILL, EUGENE, Essay in „Das Neue Forum"; Programm der Piscator Bühne. Bonn Verlag, Berlin; PISCATOR, ERWIN, Der Rückschritt. Sozialistisches Forum, Berlin; RICE, ELMER, Vortrag auf der Welttagung des PEN, Wien 1955; SARTRE, JEAN PAUL, Rede an der Sorbonne 1960; SCHUMACHER, ERNST, Die dramatischen Versuche Bertolt Brechts. Verlag Rütten und Loening, Berlin; –, Theater der Zeit und Zeit des Theaters. Dobbeck Verlag, Speyer; Theater heute, Zeitschrift. Erhard Friedrich Verlag, Hannover; YEATS, BUTLER, Autobiographies.

PERSONENREGISTER

BECK'SCHE SCHWARZE REIHE

Bücher zu Fragen unserer Zeit

Ein Sonderprospekt liegt vor.